BESTACTIVITYBOOKS.COM

Copyright © 2022 LINGUAS CLASSICS

Tous droits réservés. Aucune partie de ce livre ne peut être reproduite ou utilisée de quelque manière que ce soit sans l'autorisation écrite du détenteur des droits d'auteur, sauf pour l'utilisation de citations dans une critique de livre.

PREMIERE ÉDITION

Dépôt légal, 2022

Illustration Graphique Extra: www.freepik.com
Merci à Alekksall, Starline, Pch.vector, Rawpixel.com,
Vectorpocket, Dgim-studio, Upklyak, Macrovector,
Stockgiu, Pikisuperstar & Freepik.com Designers

Découvrez des Jeux Gratuits en Ligne

Disponible Ici :

BestActivityBooks.com/FREEGAMES

5 ASTUCES POUR DÉMARRER !

1) COMMENT RÉSOUDRE LES MOTS MÊLÉS

Les puzzles sont dans un format classique :

- Les mots sont cachés sans espaces, tirets, ...
- Orientation : Les mots peuvent être écrits en avant, en arrière, vers le haut, vers le bas ou en diagonale (ils peuvent être inversés).
- Les mots peuvent se chevaucher ou se croiser.

2) UN APPRENTISSAGE ACTIF

Un espace est prévu à côté de chaque mots pour noter la traduction. Pour favoriser un apprentissage actif un **DICTIONNAIRE** à la fin de cette édition vous permettra de vérifier et étendre vos connaissances. Cherchez et notez les traductions, trouvez-les dans le Puzzle et ajoutez-les à votre vocabulaire !

3) MARQUEZ LES MOTS

Vous pouvez inventer votre propre système de marquage. Peut-être en utilisez-vous déjà un ? Sinon, vous pourriez, par exemple, marquer les mots qui ont été difficiles à trouver d'une croix, ceux que vous avez aimés d'une étoile, les mots nouveaux d'un triangle, les mots rares d'un diamant, etc...

4) STRUCTUREZ VOTRE APPRENTISSAGE

Cette édition vous offre un **CARNET DE NOTES** très pratique à la fin du livre. En vacances ou en voyage ou à la maison, vous pouvez facilement organiser vos nouvelles connaissances sans avoir besoin d'un second bloc-notes !

5) VOUS AVEZ FINI TOUTES LES GRILLES ?

Allez à la section bonus **CHALLENGE FINAL** pour trouver un jeu gratuit à la fin de cette édition !

Simple et Rapide ! Découvrez notre collection de livres d'activités pour votre prochain moment de détente et **d'apprentissage**, à juste un clic de distance !

Trouvez votre prochain défi sur :

BestActivityBooks.com/MonProchainLivre

À vos marques, prêts... Partez !

Saviez-vous qu'il existe environ 7 000 langues différentes dans le monde ? Les mots sont précieux.

Nous aimons les langues et avons travaillé dur pour créer les livres de la plus haute qualité pour vous. Nos ingrédients ?

Une sélection des thématiques d'apprentissage adaptée, trois belles parts de divertissement, puis nous ajoutons une cuillère de mots difficiles et une pincée de mots rares. Nous les servons avec soin et un maximum de plaisir pour vous permettre de résoudre les meilleurs jeux de mots mêlés qui soient et d'apprendre en vous amusant !

Votre avis est essentiel. Vous pouvez participer activement au succès de ce livre en nous laissant un commentaire. Nous aimerions vraiment savoir ce que vous avez préféré dans cette édition !

Voici un lien rapide qui vous mènera à la page d'évaluation de vos commandes :

BestBooksActivity.com/Avis50

Merci pour votre aide et amusez-vous bien !

De la part de toute l'équipe

1 - Été

Δ	Π	Κ	Π	Ο	Α	Ε	Ί	Β	Σ	Π	Π	Β	Τ
Ι	Ω	Ά	Α	Ι	Θ	Σ	Α	Ν	Δ	Ά	Λ	Ι	Α
Α	Π	Μ	Ι	Κ	Ά	Τ	Τ	Ρ	Ο	Φ	Ή	Β	Ξ
Κ	Π	Π	Χ	Ο	Λ	Ρ	Ρ	Έ	Ξ	Δ	Ι	Λ	Ί
Ο	Π	Ι	Ν	Γ	Α	Ε	Β	Λ	Ρ	Σ	Ξ	Ι	Δ
Π	Α	Ν	Ί	Έ	Σ	Ν	Χ	Ο	Ι	Ι	Η	Α	Ι
Έ	Ρ	Γ	Δ	Ν	Σ	Δ	Α	Ω	Β	Ω	Α	Τ	Η
Σ	Α	Κ	Ι	Ε	Α	Μ	Ρ	Ψ	Ο	Ξ	Ν	Γ	Χ
Φ	Λ	Ι	Α	Ι	Ψ	Χ	Μ	Ο	Υ	Σ	Ι	Κ	Ή
Έ	Ί	Μ	Υ	Α	Λ	Ε	Δ	Σ	Ν	Χ	Έ	Ή	Ν
Χ	Α	Λ	Ά	Ρ	Ω	Σ	Η	Λ	Έ	Α	Ή	Π	Ε
Ο	Ί	Ξ	Ο	Π	Μ	Α	Ν	Υ	Ω	Ρ	Τ	Ο	Ξ
Ρ	Δ	Ν	Δ	Ι	Β	Υ	Λ	Ι	Σ	Ά	Γ	Σ	Ρ
Ι	Υ	Ν	Κ	Α	Τ	Α	Δ	Ύ	Σ	Ε	Ι	Σ	Ψ

ΦΊΛΟΙ	ΘΆΛΑΣΣΑ
ΚΆΜΠΙΝΓΚ	ΜΟΥΣΙΚΉ
ΑΣΤΈΡΙΑ	ΤΡΟΦΉ
ΟΙΚΟΓΈΝΕΙΑ	ΠΑΡΑΛΊΑ
ΚΉΠΟΣ	ΚΑΤΑΔΎΣΕΙΣ
ΠΑΙΧΝΊΔΙΑ	ΧΑΛΆΡΩΣΗ
ΧΑΡΆ	ΣΑΝΔΆΛΙΑ
ΒΙΒΛΙΑ	ΔΙΑΚΟΠΈΣ
ΑΝΑΨΥΧΉ	ΤΑΞΊΔΙ

2 - Adjectifs #2

Δ Γ Τ Π Υ Μ Α Ο Π Ρ Δ Σ Δ Ν
Π Η Ω Ε Α Υ Θ Ε Ν Τ Ι Κ Ό Έ
Ρ Ξ Μ Ρ Α Λ Μ Υ Ρ Ή Ά Ο Ξ Α
Ο Λ Ρ Ι Σ Χ Υ Ρ Ή Β Σ Μ Η Ί
Ι Δ Ν Γ Ο Β Ν Λ Η Ρ Η Ψ Ρ Ε
Κ Ι Π Ρ Υ Υ Ί Ε Υ Α Μ Ό Ό Ί
Ι Μ Π Α Η Π Ρ Τ Δ Π Η Α Π Υ
Σ Π Χ Φ Π Ί Ε Γ Φ Υ Σ Ι Κ Ή
Μ Ν Μ Ι Ά Ε Ι Ρ Ι Υ Γ Ι Ή Η
Έ Χ Η Κ Α Γ Ν Ό Ο Κ Ε Σ Ί Λ
Ν Ι Η Ό Α Η Ρ Δ Ψ Χ Ή Χ Λ Λ
Ο Δ Ρ Α Μ Α Τ Ι Κ Ή Η Υ Η Ρ
Σ Υ Π Ε Ύ Θ Υ Ν Ο Σ Μ Ρ Ο Ε
Ε Ν Δ Ι Α Φ Έ Ρ Ο Ν Χ Ό Έ Β

ΑΥΘΕΝΤΙΚΌ	ΦΥΣΙΚΉ
ΔΙΆΣΗΜΗ	ΝΈΑ
ΔΗΜΙΟΥΡΓΙΚΉ	ΙΣΧΥΡΌ
ΠΕΡΙΓΡΑΦΙΚΌ	ΑΓΝΌ
ΠΡΟΙΚΙΣΜΈΝΟΣ	ΥΠΕΎΘΥΝΟΣ
ΔΡΑΜΑΤΙΚΉ	ΥΓΙΉ
ΚΟΜΨΌ	ΑΛΜΥΡΉ
ΥΠΕΡΟΧΗ	ΆΓΡΙΟ
ΙΣΧΥΡΉ	ΞΗΡΌ
ΕΝΔΙΑΦΈΡΟΝ	

3 - Formes

```
Γ Ο Β Ί Μ Β Κ Τ Ο Υ Ε Α Σ Ί
Υ Ρ Ε Τ Ν Μ Α Ό Τ Ί Ν Ν Ι Σ
Π Θ Α Ε Ί Ο Μ Ξ Λ Ι Έ Τ Ι Ρ
Ε Ο Τ Μ Ε Ν Π Ο Λ Ύ Γ Ω Ν Ο
Ρ Γ Ί Π Μ Ψ Ύ Κ Ύ Β Ο Σ Τ Χ
Β Ώ Ψ Έ Έ Ή Λ Κ Ύ Κ Λ Ο Σ Σ
Ο Ν Ο Β Ά Λ Η Σ Φ Α Ί Ρ Α Ξ
Λ Ι Γ Ι Κ Κ Ύ Λ Ι Ν Δ Ρ Ο Σ
Ή Ο Κ Σ Ρ Γ Ω Ν Ί Α Έ Μ Υ Π
Έ Β Ο Ώ Η Π Υ Ρ Α Μ Ί Δ Α Λ
Ο Έ Χ Ψ Ν Έ Έ Λ Λ Ε Ι Ψ Η Ε
Ρ Ν Η Ψ Β Ο Τ Ρ Ι Γ Ώ Ν Ο Υ
Τ Ρ Ω Π Ρ Ί Σ Μ Α Σ Ρ Γ Δ Ρ
Ο Δ Δ Ί Π Λ Α Τ Ε Ί Α Ο Ν Ά
```

ΤΌΞΟ	ΈΛΛΕΙΨΗ
ΆΚΡΗ	ΥΠΕΡΒΟΛΉ
ΠΛΑΤΕΊΑ	ΓΡΑΜΜΉ
ΚΎΚΛΟΣ	ΟΒΆΛ
ΓΩΝΊΑ	ΠΟΛΎΓΩΝΟ
ΚΑΜΠΎΛΗ	ΠΡΊΣΜΑ
ΚΏΝΟΣ	ΠΥΡΑΜΊΔΑ
ΠΛΕΥΡΆ	ΟΡΘΟΓΏΝΙΟ
ΚΎΒΟΣ	ΣΦΑΊΡΑ
ΚΎΛΙΝΔΡΟΣ	ΤΡΙΓΏΝΟΥ

4 - Salle de Bains

```
Σ Α Π Ο Ύ Ν Ι Π Δ Ψ Ά Ε Έ Ρ
Π Ω Β Λ Χ Χ Χ Ε Έ Α Ρ Π Ί Ψ
Χ Μ Τ Ω Ν Ω Β Τ Ι Λ Ω Β Δ Γ
Ν Ί Σ Υ Ε Ί Ν Σ Ι Ί Μ Χ Ν Λ
Β Υ Α Τ Ρ Ο Λ Έ Τ Δ Α Γ Π Ξ
Ρ Ψ Μ Έ Ό Ι Α Τ Ι Ι Σ Δ Ν Ν
Ύ Λ Π Ψ Ξ Έ Λ Α Ψ Μ Χ Α Λ Ί
Σ Φ Ο Υ Γ Γ Ά Ρ Ι Π Ν Ω Έ Β
Η Ξ Υ Σ Ι Υ Τ Τ Π Ά Τ Ω Π Γ
Λ Β Ά Δ Ι Ν Δ Γ Β Ν Ο Ο Ε Ί
Ί Π Ν Σ Β Ό Ψ Ι Δ Ι Υ Ε Ψ Β
Δ Ρ Η Υ Ι Η Ν Τ Ο Ο Σ Ψ Β Γ
Ι Ί Υ Η Γ Φ Υ Σ Α Λ Ί Δ Α Π
Τ Ο Υ Α Λ Έ Τ Α Α Τ Μ Ο Ύ Ω
```

ΜΠΆΝΙΟ	ΒΡΎΣΗ
ΦΥΣΑΛΊΔΑ	ΣΑΠΟΎΝΙ
ΨΑΛΊΔΙ	ΠΕΤΣΈΤΑ
ΝΤΟΥΣ	ΣΑΜΠΟΥΆΝ
ΝΕΡΌ	ΧΑΛΊ
ΣΦΟΥΓΓΆΡΙ	ΤΟΥΑΛΈΤΑ
ΛΟΣΙΌΝ	ΑΤΜΟΎ
ΆΡΩΜΑ	

```
Α  Ο  Δ  Α  Ν  Α  Τ  Έ  Λ  Ε  Ι  Ο  Ω  Υ
Χ  Ρ  Ή  Σ  Ι  Μ  Η  Μ  Π  Ε  Χ  Γ  Έ  Ε
Έ  Ε  Γ  Μ  Α  Θ  Ώ  Ο  Σ  Ό  Π  Δ  Ε  Κ
Β  Ν  Μ  Ή  Π  Α  Π  Ν  Γ  Μ  Γ  Τ  Χ  Α
Α  Ε  Α  Ι  Ό  Φ  Σ  Τ  Ρ  Ο  Ε  Ο  Ή  Λ
Ρ  Ρ  Η  Δ  Λ  Α  Η  Έ  Γ  Ρ  Ν  Ε  Φ  Λ
Ι  Γ  Δ  Α  Υ  Ν  Μ  Ρ  Σ  Φ  Ν  Λ  Ι  Ι
Ά  Ή  Ω  Ν  Τ  Τ  Α  Ν  Η  Η  Α  Κ  Λ  Τ
Ί  Ρ  Ο  Η  Η  Α  Ν  Ο  Ί  Η  Ι  Υ  Ό  Ε
Υ  Τ  Ε  Ρ  Ά  Σ  Τ  Ι  Ο  Γ  Ό  Σ  Δ  Χ
Α  Ρ  Ω  Μ  Α  Τ  Ι  Κ  Ό  Ί  Δ  Τ  Ο  Ν
Ψ  Ε  Ξ  Ω  Τ  Ι  Κ  Ό  Λ  Δ  Ω  Ι  Ξ  Ι
Ω  Γ  Δ  Έ  Ι  Κ  Ό  Τ  Α  Ι  Ρ  Κ  Ο  Κ
Ι  Λ  Ψ  Ξ  Ε  Ό  Ί  Δ  Έ  Α  Η  Ό  Έ  Ή
```

ΑΠΌΛΥΤΗ	ΓΕΝΝΑΪΌΔΩΡΗ
ΕΝΕΡΓΉ	ΊΔΙΑ
ΦΙΛΌΔΟΞΟ	ΣΗΜΑΝΤΙΚΌ
ΑΡΩΜΑΤΙΚΌ	ΑΘΏΟΣ
ΚΑΛΛΙΤΕΧΝΙΚΉ	ΑΡΓΉ
ΕΛΚΥΣΤΙΚΌ	ΒΑΡΙΆ
ΌΜΟΡΦΗ	ΛΕΠΤΉ
ΕΞΩΤΙΚΌ	ΜΟΝΤΈΡΝΟ
ΤΕΡΆΣΤΙΟ	ΤΈΛΕΙΟ
ΦΑΝΤΑΣΤΙΚΌ	ΧΡΉΣΙΜΗ

6 - Instruments de Musique

Π	Ι	Ά	Ν	Ο	Δ	Γ	Κ	Ο	Ν	Γ	Κ	Ι	Ό
Μ	Α	Ρ	Ί	Μ	Π	Α	Λ	Υ	Α	Ν	Π	Ε	Μ
Σ	Ι	Ρ	Χ	Ν	Λ	Κ	Α	Ξ	Ί	Έ	Μ	Λ	Π
Τ	Α	Η	Υ	Τ	Ο	Ρ	Ρ	Ω	Α	Μ	Μ	Κ	Ο
Ρ	Ω	Ξ	Υ	Ο	Α	Ο	Ι	Ά	Ρ	Π	Α	Ι	Ε
Ο	Υ	Μ	Ό	Ι	Ι	Ύ	Ν	Ψ	Υ	Μ	Φ	Θ	Μ
Μ	Β	Β	Ε	Φ	Λ	Σ	Έ	Ε	Τ	Α	Λ	Ά	Ο
Π	Ι	Υ	Χ	Α	Ω	Η	Τ	Μ	Ρ	Ν	Ά	Ρ	Γ
Έ	Β	Τ	Ω	Γ	Σ	Ν	Ο	Π	Ο	Τ	Ο	Α	Ξ
Τ	Ι	Σ	Ι	Κ	Ν	Τ	Ο	Ά	Μ	Ο	Υ	Ρ	Έ
Α	Ο	Ρ	Σ	Ό	Ν	Έ	Ψ	Ν	Π	Λ	Τ	Γ	Β
Λ	Λ	Τ	Ι	Τ	Ι	Φ	Α	Τ	Ό	Ί	Ο	Ο	Τ
Ξ	Ί	Ε	Υ	Ο	Ι	Ι	Ί	Ζ	Ν	Ν	Ξ	Χ	Ω
Τ	Ύ	Μ	Π	Α	Ν	Ο	Χ	Ο	Ι	Ο	Ι	Χ	Λ

ΜΠΆΝΤΖΟ	ΜΑΡΊΜΠΑ
ΦΑΓΚΌΤΟ	ΚΡΟΎΣΗ
ΚΛΑΡΙΝΈΤΟ	ΠΙΆΝΟ
ΦΛΆΟΥΤΟ	ΣΑΞΌΦΩΝΟ
ΓΚΟΝΓΚ	ΤΎΜΠΑΝΟ
ΚΙΘΆΡΑ	ΝΤΈΦΙ
ΆΡΠΑ	ΤΡΟΜΠΌΝΙ
ΌΜΠΟΕ	ΤΡΟΜΠΈΤΑ
ΜΑΝΤΟΛΊΝΟ	ΒΙΟΛΊ

7 - Échecs

Υ	Έ	Γ	Σ	Α	Ψ	Α	Ο	Έ	Β	Β	Δ	Π	Τ
Α	Ν	Ω	Ω	Υ	Ξ	Τ	Ο	Ξ	Α	Α	Ι	Ο	Ο
Β	Ν	Ξ	Έ	Μ	Ω	Ο	Θ	Υ	Σ	Ί	Α	Έ	Υ
Τ	Υ	Τ	Π	Α	Ί	Κ	Τ	Η	Ι	Ω	Γ	Π	Ρ
Β	Α	Σ	Ί	Λ	Ι	Σ	Σ	Α	Λ	Τ	Ώ	Δ	Ν
Ω	Μ	Ί	Δ	Π	Ξ	Η	Ο	Χ	Ι	Υ	Ν	Ν	Ο
Ώ	Ρ	Α	Ι	Μ	Α	Ύ	Ρ	Ο	Ά	Ω	Ι	Λ	Υ
Σ	Η	Μ	Ε	Ί	Α	Λ	Υ	Η	Σ	Δ	Ο	Ε	Ά
Γ	Δ	Π	Λ	Χ	Π	Η	Ο	Ξ	Χ	Υ	Σ	Υ	Σ
Π	Α	Ι	Χ	Ν	Ί	Δ	Ι	Σ	Σ	Η	Ν	Κ	Δ
Π	Ρ	Ω	Τ	Α	Θ	Λ	Η	Τ	Ή	Σ	Ο	Ό	Ω
Η	Ξ	Ω	Ν	Σ	Τ	Ρ	Α	Τ	Η	Γ	Ι	Κ	Ή
Η	Σ	Χ	Χ	Π	Α	Θ	Η	Τ	Ι	Κ	Ή	Γ	Ω
Ψ	Γ	Ε	Μ	Τ	Π	Έ	Ψ	Υ	Β	Γ	Β	Ο	Ψ

ΑΝΤΊΠΑΛΟΣ	ΣΗΜΕΊΑ
ΛΕΥΚΌ	ΒΑΣΊΛΙΣΣΑ
ΠΡΩΤΑΘΛΗΤΉΣ	ΒΑΣΙΛΙΆΣ
ΔΙΑΓΏΝΙΟΣ	ΘΥΣΊΑ
ΠΑΙΧΝΊΔΙ	ΣΤΡΑΤΗΓΙΚΉ
ΠΑΊΚΤΗ	ΏΡΑ
ΜΑΎΡΟ	ΤΟΥΡΝΟΥΆ
ΠΑΘΗΤΙΚΉ	

8 - Herboristerie

M	M	Δ	E	N	Δ	P	O	Λ	Ί	B	A	N	O
K	A	Ά	E	Y	E	P	Γ	E	T	I	K	Ή	Ω
Ή	M	Ϊ	P	Σ	Έ	Ί	I	Θ	Δ	Δ	O	Γ	O
Π	Έ	E	N	A	N	Λ	O	Y	Λ	O	Ύ	Δ	I
O	N	Δ	I	T	Θ	Λ	Σ	M	B	Σ	A	Π	E
Σ	T	Σ	Ί	Ω	A	O	Ω	Ά	A	Y	P	O	Σ
P	A	H	Λ	Y	Ω	N	O	P	Σ	Σ	Ω	I	T
Λ	E	B	Ά	N	T	A	Ό	I	I	T	M	Ό	P
Π	P	Ά	Σ	I	N	O	Σ	Σ	Λ	A	A	T	A
M	A	Γ	E	I	P	I	K	Ή	I	T	T	H	Γ
Ξ	M	Y	E	P	I	B	Ϋ	Έ	K	I	I	T	K
O	T	O	Ψ	Ύ	E	Ξ	P	E	O	K	K	A	Ό
O	Λ	Y	Π	Ω	Σ	Π	Δ	N	Ύ	Ό	Ό	B	N
H	Ω	X	X	I	Γ	H	O	K	P	O	K	O	Σ

ΣΚΌΡΔΟ   ΛΕΒΆΝΤΑ
ΑΡΩΜΑΤΙΚΌ   ΜΈΝΤΑ
ΒΑΣΙΛΙΚΟΎ   ΜΑΪΝΤΑΝΌΣ
ΕΥΕΡΓΕΤΙΚΉ   ΠΟΙΌΤΗΤΑ
ΜΑΓΕΙΡΙΚΉ   ΔΕΝΔΡΟΛΊΒΑΝΟ
ΕΣΤΡΑΓΚΌΝ   ΚΡΟΚΟΣ
ΜΆΡΑΘΟ   ΓΕΎΣΗ
ΛΟΥΛΟΎΔΙ   ΘΥΜΆΡΙ
ΣΥΣΤΑΤΙΚΌ   ΠΡΆΣΙΝΟ
ΚΉΠΟΣ

9 - Véhicules

Η	Ρ	Β	Λ	Τ	Ρ	Π	Β	Χ	Έ	Ο	Α	Μ	Δ
Λ	Ο	Ά	Ά	Ε	Ρ	Ι	Ο	Ο	Ψ	Γ	Έ	Ε	Μ
Ξ	Υ	Ρ	Σ	Π	Ω	Α	Λ	Δ	Α	Ψ	Υ	Σ	Γ
Λ	Κ	Κ	Τ	Ν	Έ	Φ	Κ	Η	Ή	Υ	Υ	Δ	Τ
Ξ	Έ	Α	Ι	Χ	Υ	Μ	Ο	Τ	Β	Λ	Ί	Π	Α
Ο	Τ	Σ	Χ	Ε	Δ	Ί	Α	Ρ	Έ	Ί	Α	Δ	Ξ
Β	Α	Γ	Α	Π	Ν	Λ	Ε	Η	Ε	Ρ	Ψ	Τ	Ί
Φ	Υ	Π	Ο	Β	Ρ	Ύ	Χ	Ι	Ο	Ί	Ρ	Σ	Ο
Ο	Μ	Ο	Τ	Έ	Ρ	Τ	Γ	Η	Λ	Γ	Ο	Κ	Ι
Ρ	Α	Ε	Ρ	Ο	Π	Λ	Ά	Ν	Ο	Ν	Σ	Ο	Ω
Τ	Ρ	Έ	Ν	Ο	Τ	Η	Ρ	Τ	Α	Η	Ί	Ύ	Α
Η	Ί	Ε	Ξ	Τ	Ρ	Ο	Χ	Ό	Σ	Π	Ι	Τ	Ο
Γ	Ε	Λ	Ι	Κ	Ό	Π	Τ	Ε	Ρ	Ο	Ο	Ε	Β
Ό	Π	Ο	Ρ	Θ	Μ	Ε	Ί	Ο	Μ	Ε	Τ	Ρ	Ό

ΑΕΡΟΠΛΆΝΟ	ΜΟΤΈΡ
ΒΆΡΚΑ	ΛΆΣΤΙΧΑ
ΛΕΩΦΟΡΕΊΟ	ΣΧΕΔΊΑ
ΦΟΡΤΗΓΌ	ΣΚΟΎΤΕΡ
ΤΡΟΧΌΣΠΙΤΟ	ΥΠΟΒΡΎΧΙΟ
ΠΟΡΘΜΕΊΟ	ΤΑΞΊ
ΡΟΥΚΈΤΑ	ΤΡΑΚΤΈΡ
ΕΛΙΚΌΠΤΕΡΟ	ΤΡΈΝΟ
ΜΕΤΡΌ	ΠΟΔΉΛΑΤΟ

10 - Camping

Β	Φ	Ύ	Σ	Η	Η	Ε	Ψ	Β	Δ	Σ	Ρ	Π	Υ
Τ	Ο	Ί	Ι	Ξ	Μ	Ξ	Έ	Ί	Λ	Ο	Ω	Υ	Π
Ο	Ε	Υ	Φ	Χ	Μ	Ο	Ξ	Ε	Ι	Φ	Ρ	Ξ	Ψ
Ε	Ρ	Μ	Ν	Ω	Ν	Π	Ε	Η	Έ	Α	Η	Ί	Η
Σ	Ω	Ω	Ν	Ό	Τ	Λ	Λ	Ί	Μ	Ν	Η	Δ	Α
Ζ	Ώ	Α	Ο	Ρ	Α	Ι	Τ	Σ	Ψ	Ά	Σ	Α	Φ
Κ	Σ	Κ	Η	Ν	Ή	Σ	Ά	Χ	Ά	Ρ	Τ	Η	Ε
Δ	Α	Σ	Ο	Σ	Ξ	Μ	Κ	Ο	Ω	Ι	Ι	Ψ	Γ
Δ	Α	Μ	Κ	Α	Ν	Ό	Α	Ι	Έ	Κ	Έ	Ξ	Γ
Έ	Ρ	Ψ	Π	Α	Ι	Σ	Π	Ν	Ι	Υ	Α	Μ	Ά
Λ	Π	Ρ	Δ	Ί	Ν	Ο	Έ	Ί	Ν	Ν	Δ	Ν	Ρ
Τ	Π	Ρ	Η	Έ	Ν	Μ	Λ	Ε	Λ	Ή	Έ	Ε	Ι
Έ	Ν	Τ	Ο	Μ	Ο	Α	Ο	Υ	Ο	Γ	Ν	Ν	Π
Π	Ε	Ρ	Ι	Π	Έ	Τ	Ε	Ι	Α	Ι	Ώ	Ρ	Α

ΖΏΑ	ΦΩΤΙΆ
ΠΕΡΙΠΈΤΕΙΑ	ΔΑΣΟΣ
ΠΥΞΊΔΑ	ΑΙΏΡΑ
ΚΑΜΠΊΝΑ	ΈΝΤΟΜΟ
ΚΑΝΌ	ΛΊΜΝΗ
ΧΆΡΤΗ	ΦΑΝΆΡΙ
ΚΑΠΈΛΟ	ΦΕΓΓΆΡΙ
ΚΥΝΉΓΙ	ΒΟΥΝΌ
ΣΧΟΙΝΊ	ΦΎΣΗ
ΕΞΟΠΛΙΣΜΌΣ	ΣΚΗΝΉ

11 - Écologie

```
Ν  Β  Β  Έ  Λ  Π  Χ  Ψ  Δ  Β  Τ  Σ  Π  Κ
Ξ  Μ  Π  Α  Ε  Έ  Λ  Λ  Η  Ι  Φ  Σ  Ο  Ο
Δ  Η  Ό  Ε  Ί  Ε  Ω  Ξ  Ο  Ώ  Ύ  Η  Ι  Ι
Ω  Ω  Ρ  Π  Δ  Π  Ρ  Β  Ψ  Σ  Σ  Β  Κ  Ν
Λ  Λ  Ω  Α  Ο  Ι  Ί  Π  Β  Ι  Η  Ψ  Ι  Ό
Δ  Α  Ν  Ν  Σ  Β  Δ  Α  Τ  Μ  Μ  Λ  Λ  Τ
Θ  Β  Μ  Ί  Ω  Ί  Α  Γ  Τ  Η  Ο  Τ  Ί  Η
Φ  Α  Ρ  Δ  Σ  Ω  Α  Κ  Λ  Ί  Μ  Α  Α  Τ
Υ  Υ  Λ  Α  Χ  Σ  Ν  Ό  Β  Ο  Υ  Ν  Ά  Α
Σ  Έ  Τ  Ά  Ξ  Η  Λ  Σ  Ι  Έ  Ο  Μ  Η  Μ
Ι  Χ  Γ  Ά  Σ  Β  Ω  Μ  Ρ  Μ  Γ  Λ  Ν  Ν
Κ  Α  Τ  Ξ  Ε  Σ  Ω  Ι  Ί  Έ  Ρ  Ι  Μ  Π
Ή  Τ  Υ  Μ  Α  Ξ  Ι  Α  Χ  Δ  Ο  Ψ  Σ  Χ
Έ  Έ  Ί  Ε  Θ  Ε  Λ  Ο  Ν  Τ  Έ  Σ  Ν  Ω
```

ΕΘΕΛΟΝΤΈΣ	ΘΑΛΆΣΣΙΟ
ΚΛΊΜΑ	ΒΟΥΝΆ
ΚΟΙΝΌΤΗΤΑ	ΦΎΣΗ
ΠΟΙΚΙΛΊΑ	ΦΥΣΙΚΉ
ΒΙΏΣΙΜΗ	ΦΥΤΆ
ΕΊΔΟΣ	ΠΌΡΩΝ
ΠΑΝΊΔΑ	ΞΗΡΑΣΊΑ
ΧΛΩΡΊΔΑ	ΕΠΙΒΊΩΣΗ
ΠΑΓΚΌΣΜΙΑ	

12 - Astronomie

Σ	Λ	Α	Σ	Τ	Ρ	Ο	Ν	Ό	Μ	Ο	Σ	Σ	Λ
Ι	Γ	Σ	Α	Σ	Τ	Ε	Ρ	Ο	Ε	Ι	Δ	Ή	Σ
Έ	Α	Τ	Δ	Ο	Ρ	Υ	Φ	Ο	Ρ	Ι	Κ	Ή	Λ
Β	Ν	Ε	Φ	Έ	Λ	Ω	Μ	Α	Υ	Β	Ψ	Ρ	Ψ
Μ	Ξ	Ρ	Π	Ο	Π	Ε	Δ	Ω	Έ	Κ	Ο	Ρ	Η
Ι	Χ	Ι	Γ	Λ	Υ	Μ	Δ	Γ	Σ	Β	Έ	Ο	Λ
Σ	Υ	Σ	Η	Α	Α	Ρ	Χ	Σ	Σ	Ω	Κ	Τ	Ι
Η	Υ	Μ	Ξ	Ψ	Η	Ν	Α	Ι	Γ	Β	Λ	Ξ	Α
Μ	Υ	Ό	Ψ	Σ	Δ	Ι	Ή	Ν	Δ	Α	Ε	Σ	Κ
Ε	Φ	Ε	Γ	Γ	Ά	Ρ	Ι	Τ	Ό	Γ	Ι	Μ	Ή
Ρ	Γ	Α	Λ	Α	Ξ	Ί	Α	Σ	Η	Σ	Ψ	Η	Ε
Ί	Έ	Σ	Ύ	Μ	Π	Α	Ν	Ε	Β	Σ	Η	Η	Ω
Α	Α	Σ	Τ	Ρ	Ο	Ν	Α	Ύ	Τ	Η	Σ	Χ	Β
Ι	Ψ	Ν	Μ	Ε	Τ	Έ	Ω	Ρ	Ο	Ρ	Ξ	Ο	Μ

ΑΣΤΕΡΟΕΙΔΉΣ	ΦΕΓΓΆΡΙ
ΑΣΤΡΟΝΑΎΤΗΣ	ΜΕΤΈΩΡΟ
ΑΣΤΡΟΝΌΜΟΣ	ΝΕΦΈΛΩΜΑ
ΟΥΡΑΝΌΣ	ΠΛΑΝΉΤΗΣ
ΑΣΤΕΡΙΣΜΌ	ΔΟΡΥΦΟΡΙΚΉ
ΈΚΛΕΙΨΗ	ΗΛΙΑΚΉ
ΙΣΗΜΕΡΊΑ	ΓΗ
ΡΟΥΚΈΤΑ	ΣΎΜΠΑΝ
ΓΑΛΑΞΊΑΣ	

13 - Types de Cheveux

Δ	Π	Λ	Ε	Γ	Μ	Έ	Ν	Ο	Χ	Γ	Ω	Έ	Λ
Δ	Λ	Ε	Υ	Κ	Ό	Μ	Α	Λ	Α	Κ	Ό	Ν	Χ
Μ	Ε	Ο	Χ	Ξ	Ξ	Ω	Ψ	Τ	Ω	Έ	Τ	Ν	Σ
Α	Ξ	Μ	Ε	Η	Τ	Ο	Υ	Λ	Π	Α	Χ	Ύ	Κ
Κ	Ο	Α	Χ	Ρ	Ι	Γ	Ψ	Ω	Ο	Ξ	Α	Λ	Ο
Ρ	Ύ	Λ	Λ	Ό	Η	Λ	Λ	Ί	Ε	Ε	Σ	Ε	Ν
Ύ	Δ	Ή	Φ	Α	Λ	Α	Κ	Ρ	Ό	Σ	Η	Π	Τ
Β	Ε	Ψ	Κ	Δ	Μ	Μ	Α	Ύ	Ρ	Ο	Μ	Τ	Ό
Σ	Σ	Υ	Α	Α	Ψ	Π	Π	Τ	Β	Χ	Έ	Ή	Π
Ω	Γ	Κ	Ρ	Ι	Φ	Έ	Ε	Ί	Α	Υ	Ν	Ω	Α
Π	Λ	Ο	Β	Ι	Ε	Έ	Π	Ρ	Ι	Γ	Ι	Δ	Ί
Χ	Ρ	Λ	Υ	Γ	Ι	Ή	Ε	Γ	Ά	Ι	Ο	Ο	Χ
Α	Ί	Α	Λ	Ρ	Ξ	Α	Ν	Θ	Ά	Π	Ί	Α	Ο
Α	Υ	Σ	Ξ	Έ	Ά	Μ	Π	Ο	Ύ	Κ	Λ	Ε	Σ

ΑΣΗΜΈΝΙΟ	ΓΚΡΙ
ΛΕΥΚΌ	ΟΜΑΛΉ
ΞΑΝΘΆ	ΜΑΚΡΎ
ΜΠΟΎΚΛΕΣ	ΚΑΦΈ
ΛΑΜΠΕΡΆ	ΛΕΠΤΉ
ΦΑΛΑΚΡΌΣ	ΜΑΎΡΟ
ΚΟΝΤΌ	ΥΓΙΉ
ΜΑΛΑΚΌ	ΞΗΡΌ
ΠΑΧΎ	ΠΛΕΞΟΎΔΕΣ
ΣΓΟΥΡΆ	ΠΛΕΓΜΈΝΟ

14 - Restaurant #1

```
Κ  Υ  Ω  Α  Ι  Ε  Π  Ι  Δ  Ό  Ρ  Π  Ι  Ο
Ο  Ν  Χ  Λ  Γ  Έ  Ξ  Λ  Ρ  Β  Π  Α  Κ  Σ
Τ  Η  Α  Ι  Η  Δ  Έ  Ο  Ά  Δ  Ξ  Λ  Ο  Ά
Ό  Ξ  Π  Ξ  Ι  Δ  Ω  Ί  Κ  Κ  Ο  Λ  Υ  Λ
Π  Σ  Ε  Ρ  Β  Ι  Τ  Ό  Ρ  Α  Α  Ε  Ζ  Τ
Ο  Ι  Λ  Τ  Β  Ψ  Κ  Π  Ά  Μ  Μ  Ρ  Ί  Σ
Υ  Τ  Κ  Λ  Μ  Ω  Ρ  Υ  Τ  Α  Π  Γ  Ν  Α
Λ  Α  Υ  Ά  Ε  Ψ  Έ  Ω  Η  Χ  Ο  Ί  Α  Ο
Ο  Τ  Π  Λ  Ν  Τ  Α  Ξ  Σ  Α  Λ  Α  Ψ  Δ
Υ  Λ  Ρ  Δ  Ο  Τ  Σ  Ι  Η  Ί  Ρ  Έ  Δ  Ψ
Μ  Α  Χ  Ο  Ύ  Λ  Ι  Ψ  Η  Ρ  Δ  Ψ  Λ  Δ
Χ  Έ  Ξ  Ν  Φ  Η  Η  Κ  Ψ  Ι  Έ  Ω  Η  Ξ
Κ  Α  Φ  Έ  Ι  Ή  Ω  Ρ  Ο  Α  Α  Μ  Η  Ί
Σ  Υ  Σ  Τ  Α  Τ  Ι  Κ  Ά  Υ  Δ  Ί  Σ  Η
```

ΑΛΛΕΡΓΊΑ	ΜΕΝΟΎ
ΠΛΆΚΑ	ΤΡΟΦΉ
ΜΠΟΛ	ΨΩΜΊ
ΚΑΦΈ	ΚΟΤΌΠΟΥΛΟ
ΜΑΧΑΊΡΙ	ΚΡΆΤΗΣΗ
ΚΟΥΖΊΝΑ	ΣΆΛΤΣΑ
ΕΠΙΔΌΡΠΙΟ	ΣΕΡΒΙΤΌΡΑ
ΠΙΚΆΝΤΙΚΟ	ΚΡΈΑΣ
ΣΥΣΤΑΤΙΚΆ	

15 - Mammifères

Δ	Γ	Ε	Ζ	Κ	Α	Γ	Κ	Ο	Υ	Ρ	Ό	Α	Ρ
Ε	Ο	Λ	Έ	Α	Κ	Λ	Ι	Ο	Ν	Τ	Ά	Ρ	Ι
Λ	Ρ	Έ	Β	Μ	Ο	Ι	Ί	Ε	Ν	Α	Λ	Κ	Ξ
Φ	Ί	Φ	Ρ	Η	Υ	Έ	Ε	Τ	Α	Ύ	Ρ	Ο	Σ
Ί	Λ	Α	Α	Λ	Ν	Ά	Λ	Ο	Γ	Ο	Ω	Ύ	Π
Ν	Α	Ν	Ν	Ο	Έ	Ο	Σ	Ί	Χ	Ω	Ρ	Δ	Π
Ι	Σ	Τ	Χ	Π	Λ	Ύ	Κ	Ο	Σ	Έ	Κ	Α	Λ
Α	Κ	Α	Π	Ά	Ι	Φ	Β	Ψ	Σ	Υ	Ο	Ρ	Ω
Λ	Ύ	Σ	Ί	Ρ	Ψ	Ε	Ά	Ω	Τ	Ί	Γ	Ρ	Η
Ε	Λ	Ν	Ί	Δ	Ό	Ν	Ξ	Λ	Ο	Ο	Ι	Μ	Η
Π	Ο	Α	Ν	Α	Β	Β	Ρ	Γ	Α	Α	Ό	Α	Έ
Ο	Σ	Η	Δ	Λ	Ρ	Γ	Α	Π	Ά	Ι	Τ	Ν	Ε
Ύ	Τ	Π	Σ	Η	Ψ	Ι	Ι	Τ	Έ	Τ	Ν	Ξ	Α
Μ	Α	Ϊ	Μ	Ο	Ύ	Ψ	Γ	Π	Ο	Δ	Α	Α	Ξ

ΦΆΛΑΙΝΑ   ΚΟΥΝΈΛΙ

ΓΆΤΑ   ΛΙΟΝΤΆΡΙ

ΆΛΟΓΟ   ΛΎΚΟΣ

ΣΚΎΛΟΣ   ΠΡΌΒΑΤΟ

ΚΟΓΙΌΤ   ΑΡΚΟΎΔΑ

ΔΕΛΦΊΝΙ   ΑΛΕΠΟΎ

ΕΛΈΦΑΝΤΑΣ   ΜΑΪΜΟΎ

ΚΑΜΗΛΟΠΆΡΔΑΛΗ   ΤΑΎΡΟΣ

ΓΟΡΊΛΑΣ   ΤΊΓΡΗ

ΚΑΓΚΟΥΡΌ   ΖΈΒΡΑ

16 - Sports

Ν	Ι	Κ	Η	Τ	Ή	Σ	Μ	Ν	Ρ	Έ	Ί	Ο	Τ
Β	Λ	Η	Χ	Χ	Ί	Ι	Λ	Π	Ψ	Ι	Τ	Μ	Τ
Π	Γ	Υ	Μ	Ν	Ά	Σ	Ι	Ο	Ά	Έ	Ο	Ά	Π
Π	Ρ	Ο	Π	Ο	Ν	Η	Τ	Ή	Σ	Σ	Ί	Δ	Ψ
Π	Α	Ί	Κ	Τ	Η	Ο	Ψ	Λ	Μ	Ε	Κ	Α	Η
Σ	Τ	Ά	Δ	Ι	Ο	Κ	Ί	Ν	Η	Σ	Η	Ε	Α
Α	Ψ	Β	Γ	Υ	Μ	Ν	Α	Σ	Τ	Ι	Κ	Ή	Τ
Π	Α	Ι	Χ	Ν	Ί	Δ	Ι	Θ	Ρ	Η	Ν	Ψ	Τ
Χ	Ξ	Υ	Π	Ρ	Ω	Τ	Ά	Θ	Λ	Η	Μ	Α	Έ
Δ	Ι	Α	Ι	Τ	Η	Τ	Ή	Σ	Χ	Η	Τ	Ψ	Ν
Π	Ο	Δ	Ή	Λ	Α	Τ	Ο	Ι	Α	Ό	Τ	Ο	Ι
Μ	Π	Έ	Ι	Ζ	Μ	Π	Ο	Λ	Ψ	Ν	Κ	Ή	Σ
Μ	Υ	Ι	Έ	Γ	Κ	Ο	Λ	Φ	Ξ	Δ	Λ	Ε	Σ
Χ	Ί	Ι	Η	Ξ	Ι	Η	Π	Ω	Ε	Β	Ω	Ί	Ϊ

ΔΙΑΙΤΗΤΉΣ	ΓΥΜΝΆΣΙΟ
ΑΘΛΗΤΉΣ	ΓΥΜΝΑΣΤΙΚΉ
ΜΠΈΙΖΜΠΟΛ	ΧΌΚΕΪ
ΜΠΆΣΚΕΤ	ΠΑΙΧΝΊΔΙ
ΠΡΩΤΆΘΛΗΜΑ	ΠΑΊΚΤΗ
ΠΡΟΠΟΝΗΤΉΣ	ΚΊΝΗΣΗ
ΟΜΆΔΑ	ΣΤΆΔΙΟ
ΝΙΚΗΤΉΣ	ΤΈΝΙΣ
ΓΚΟΛΦ	ΠΟΔΉΛΑΤΟ

17 - Chocolat

Υ	Ρ	Β	Χ	Ε	Ξ	Ω	Τ	Ι	Κ	Ό	Π	Γ	Κ
Σ	Υ	Σ	Τ	Α	Τ	Ι	Κ	Ό	Α	Α	Ο	Ο	Α
Φ	Θ	Ε	Ρ	Μ	Ι	Δ	Ε	Σ	Κ	Σ	Ι	Ο	Ρ
Ι	Ο	Ζ	Μ	Ξ	Ί	Σ	Η	Κ	Ά	Υ	Ό	Β	Α
Σ	Σ	Ά	Δ	Ί	Γ	Κ	Η	Α	Ο	Ν	Τ	Ι	Μ
Τ	Τ	Χ	Ρ	Π	Β	Ό	Ω	Ρ	Ι	Τ	Η	Ο	Έ
Ί	Έ	Α	Ί	Ω	Π	Ν	Χ	Ύ	Σ	Α	Τ	Τ	Λ
Κ	Δ	Ρ	Η	Ω	Μ	Η	Π	Δ	Ν	Γ	Α	Ε	Α
Ι	Ι	Η	Έ	Ν	Δ	Α	Ε	Α	Ό	Ή	Ί	Χ	Υ
Α	Γ	Α	Π	Η	Μ	Έ	Ν	Ο	Σ	Π	Ι	Ν	Ι
Ι	Λ	Ε	Ε	Μ	Υ	Ψ	Χ	Ο	Τ	Ι	Έ	Ι	Ν
Η	Υ	Β	Ύ	Δ	Σ	Ξ	Υ	Υ	Ι	Κ	Ί	Κ	Ξ
Α	Κ	Γ	Ν	Σ	Ο	Π	Π	Ε	Μ	Ρ	Π	Ή	Π
Ί	Ό	Δ	Τ	Υ	Η	Ν	Ξ	Ρ	Ο	Ή	Η	Γ	Ξ

ΠΙΚΡΉ	ΕΞΩΤΙΚΌ
ΆΡΩΜΑ	ΑΓΑΠΗΜΈΝΟΣ
ΒΙΟΤΕΧΝΙΚΉ	ΓΕΎΣΗ
ΦΙΣΤΊΚΙΑ	ΣΥΣΤΑΤΙΚΌ
ΚΑΚΆΟ	ΚΑΡΎΔΑ
ΘΕΡΜΙΔΕΣ	ΣΚΌΝΗ
ΚΑΡΑΜΈΛΑ	ΠΟΙΌΤΗΤΑ
ΝΌΣΤΙΜΟ	ΣΥΝΤΑΓΉ
ΓΛΥΚΌ	ΖΆΧΑΡΗ

18 - Mathématiques

Τ	Π	Α	Ρ	Ά	Λ	Λ	Η	Λ	Η	Υ	Λ	Υ	Ξ
Ρ	Λ	Π	Ε	Ρ	Ι	Φ	Έ	Ρ	Ε	Ι	Α	Χ	Ξ
Ι	Α	Α	Κ	Ά	Θ	Ε	Τ	Ο	Σ	Υ	Γ	Δ	Ρ
Γ	Τ	Κ	Κ	Σ	Ο	Γ	Ε	Ί	Π	Α	Α	Σ	Ο
Ώ	Ε	Υ	Λ	Τ	Δ	Ι	Ά	Μ	Ε	Τ	Ρ	Ο	Σ
Ν	Ί	Κ	Γ	Ά	Ί	Έ	Έ	Ο	Ρ	Γ	Ι	Γ	Υ
Ο	Α	Λ	Θ	Η	Σ	Ν	Α	Ρ	Ί	Ω	Θ	Ε	Μ
Υ	Ν	Λ	Μ	Έ	Μ	Μ	Α	Θ	Μ	Ν	Μ	Ω	Μ
Π	Έ	Γ	Ί	Ν	Τ	Π	Α	Ο	Ε	Ί	Η	Μ	Ε
Έ	Ν	Τ	Α	Σ	Η	Η	Ί	Γ	Τ	Α	Τ	Ε	Τ
Ά	Θ	Ρ	Ο	Ι	Σ	Μ	Α	Ώ	Ρ	Λ	Ι	Τ	Ρ
Δ	Ε	Κ	Α	Δ	Ι	Κ	Ό	Ν	Ο	Ρ	Κ	Ρ	Ί
Ε	Ξ	Ί	Σ	Ω	Σ	Η	Δ	Ι	Ε	Α	Ή	Ί	Α
Π	Ο	Λ	Ύ	Γ	Ω	Ν	Ο	Ο	Τ	Έ	Χ	Α	Π

ΓΩΝΊΑ	ΠΑΡΆΛΛΗΛΗ
ΑΡΙΘΜΗΤΙΚΉ	ΚΆΘΕΤΟΣ
ΠΛΑΤΕΊΑ	ΠΕΡΊΜΕΤΡΟ
ΠΕΡΙΦΈΡΕΙΑ	ΠΟΛΎΓΩΝΟ
ΔΕΚΑΔΙΚΌ	ΑΚΤΊΝΑ
ΔΙΆΜΕΤΡΟΣ	ΟΡΘΟΓΏΝΙΟ
ΕΚΘΈΤΗ	ΆΘΡΟΙΣΜΑ
ΕΞΊΣΩΣΗ	ΣΥΜΜΕΤΡΊΑ
ΚΛΆΣΜΑ	ΤΡΙΓΏΝΟΥ
ΓΕΩΜΕΤΡΊΑ	ΈΝΤΑΣΗ

19 - Mythologie

Π	Δ	Η	Μ	Ι	Ο	Υ	Ρ	Γ	Ί	Α	Μ	Γ	Ω
Λ	Ο	Ί	Η	Β	Τ	Ζ	Ν	Δ	Ύ	Ν	Α	Μ	Η
Ά	Υ	Λ	Β	Ψ	Α	Ή	Β	Α	Η	Σ	Γ	Π	Π
Σ	Π	Ψ	Ε	Δ	Ω	Λ	Γ	Σ	Ί	Μ	Ι	Ο	Ε
Μ	Υ	Θ	Η	Μ	Σ	Ι	Θ	Τ	Γ	Ί	Κ	Λ	Π
Α	Ψ	Μ	Ρ	Δ	Ι	Α	Ν	Ρ	Ψ	Γ	Ό	Ι	Ο
Ρ	Ψ	Λ	Π	Ύ	Υ	Σ	Η	Α	Ψ	Ε	Ε	Τ	Ι
Χ	Τ	Χ	Χ	Ε	Λ	Ω	Τ	Π	Π	Γ	Ψ	Ι	Θ
Έ	Έ	Ν	Χ	Η	Ρ	Ο	Ό	Ή	Ρ	Ω	Α	Σ	Ή
Τ	Ρ	Δ	Γ	Ξ	Σ	Ι	Σ	Ο	Σ	Ί	Ο	Μ	Σ
Υ	Α	Ε	Ι	Π	Μ	Η	Φ	Υ	Η	Β	Έ	Ό	Ε
Π	Σ	Σ	Ί	Μ	Υ	Β	Ρ	Ο	Ν	Τ	Ή	Σ	Ι
Ο	Λ	Ι	Κ	Α	Τ	Α	Σ	Τ	Ρ	Ο	Φ	Ή	Σ
Λ	Α	Β	Ύ	Ρ	Ι	Ν	Θ	Ο	Σ	Ά	Υ	Ψ	Χ

ΑΡΧΈΤΥΠΟ	ΠΟΛΕΜΙΣΤΉΣ
ΚΑΤΑΣΤΡΟΦΉ	ΉΡΩΑΣ
ΣΥΜΠΕΡΙΦΟΡΆ	ΖΉΛΙΑ
ΔΗΜΙΟΥΡΓΊΑ	ΛΑΒΎΡΙΝΘΟΣ
ΠΛΆΣΜΑ	ΘΡΎΛΟΣ
ΠΕΠΟΙΘΉΣΕΙΣ	ΜΑΓΙΚΌ
ΠΟΛΙΤΙΣΜΌΣ	ΤΈΡΑΣ
ΑΣΤΡΑΠΉ	ΘΝΗΤΌΣ
ΔΎΝΑΜΗ	ΒΡΟΝΤΉ

20 - Restaurant #2

```
Ω  Χ  Υ  Λ  Λ  Α  Χ  Α  Ν  Ι  Κ  Ά  Π  Τ
Γ  Χ  Π  Α  Α  Υ  Γ  Α  Γ  Γ  Γ  Ω  Ι  Μ
Λ  Σ  Έ  Ζ  Η  Ν  Γ  Ξ  Ε  Σ  Β  Β  Ρ  Π
Σ  Σ  Ψ  Ά  Ρ  Ι  Λ  Ν  Ύ  Χ  Η  Ε  Ο  Α
Ο  Κ  Ψ  Ν  Ό  Σ  Τ  Ι  Μ  Ο  Α  Σ  Ύ  Χ
Λ  Ο  Ψ  Ι  Ε  Ε  Σ  Γ  Α  Ι  Χ  Ί  Ν  Α
Κ  Υ  Π  Α  Ξ  Ρ  Δ  Ε  Ί  Π  Ν  Ο  Ι  Ρ
Α  Τ  Β  Π  Σ  Β  Ό  Α  Λ  Ά  Τ  Ι  Β  Ι
Ρ  Ά  Ί  Τ  Ο  Ι  Φ  Ρ  Ο  Ύ  Τ  Ο  Π  Κ
Έ  Λ  Υ  Χ  Ύ  Τ  Π  Ά  Γ  Ο  Σ  Π  Ρ  Ό
Κ  Ι  Ι  Ρ  Π  Ό  Ό  Τ  Κ  Σ  Λ  Ξ  Έ  Υ
Λ  Μ  Ε  Η  Α  Ρ  Α  Υ  Ψ  Έ  Π  Υ  Δ  Π
Α  Χ  Υ  Α  Έ  Ο  Τ  Υ  Χ  Δ  Ι  Β  Ν  Χ
Ρ  Λ  Ο  Α  Ε  Σ  Α  Λ  Ά  Τ  Α  Κ  Γ  Ρ
```

ΠΟΤΌ	ΚΈΙΚ
ΚΑΡΈΚΛΑ	ΠΆΓΟΣ
ΚΟΥΤΆΛΙ	ΛΑΧΑΝΙΚΆ
ΓΕΎΜΑ	ΛΑΖΆΝΙΑ
ΝΌΣΤΙΜΟ	ΑΥΓΆ
ΔΕΊΠΝΟ	ΨΆΡΙ
ΝΕΡΌ	ΣΑΛΆΤΑ
ΜΠΑΧΑΡΙΚΌ	ΑΛΆΤΙ
ΠΙΡΟΎΝΙ	ΣΕΡΒΙΤΌΡΟΣ
ΦΡΟΎΤΟ	ΣΟΎΠΑ

21 - Couleurs

Π Ω Δ Ψ Έ Χ Λ Ν Φ Λ Δ Ρ Κ Μ
Ψ Δ Α Σ Α Μ Ξ Ο Η Ο Λ Ο Ί Π
Γ Κ Ρ Ι Κ Ξ Ο Λ Α Υ Ύ Ζ Τ Ε
Α Σ Υ Τ Α Μ Π Λ Ε Λ Π Ξ Ρ Ζ
Λ Κ Έ Ψ Φ Χ Α Κ Υ Α Ν Ό Ι Μ
Ά Ό Ν Π Έ Ο Ο Ύ Ν Κ Π Τ Ν Α
Ζ Κ Υ Υ Ι Ω Α Σ Ρ Ί Ρ Ξ Ο Δ
Ι Κ Ί Σ Τ Α Ω Η Α Ο Ά Γ Π Π
Ο Ι Λ Ε Υ Κ Ό Β Λ Μ Σ Β Ί Ν
Ε Ν Έ Η Ε Γ Λ Τ Ρ Ο Ι Ο Α Π
Π Ο Ρ Τ Ο Κ Ά Λ Ι Β Ν Χ Ω Μ
Β Ξ Γ Ρ Ω Λ Λ Ψ Ξ Υ Ο Ω Η Ι
Ι Ω Έ Ψ Ρ Ψ Ψ Ι Ω Ψ Ο Χ Δ Υ
Ο Ε Ρ Ο Β Α Α Έ Ν Ρ Υ Ο Υ Β

ΓΑΛΆΖΙΟ	ΚΑΦΈ
ΜΠΕΖ	ΜΑΎΡΟ
ΛΕΥΚΌ	ΠΟΡΤΟΚΆΛΙ
ΜΠΛΕ	ΡΟΖ
ΚΥΑΝΌ	ΚΌΚΚΙΝΟ
ΦΟΎΞΙΑ	ΣΈΠΙΑ
ΓΚΡΙ	ΠΡΆΣΙΝΟ
ΛΟΥΛΑΚΊ	ΜΟΒ
ΚΊΤΡΙΝΟ	

22 - Avions

```
Π Α Ε Π Ι Λ Ο Τ Ι Κ Ή Α Έ Ν
Ρ Τ Β Π Λ Δ Β Σ Υ Β Ί Έ Τ Ί
Ο Μ Μ Ε Ι Ή Υ Ψ Ο Σ Β Ρ Α Η
Σ Ό Π Ρ Φ Β Ρ Ω Χ Π Ο Α Ψ Τ
Γ Σ Α Ι Ι Ο Ά Ω Ο Β Χ Σ Ρ Ν
Ε Φ Λ Π Σ Υ Υ Τ Μ Η Χ Α Ν Ή
Ί Α Ό Έ Τ Ρ Δ Σ Η Α Ε Γ Υ Υ
Ω Ι Ν Τ Ο Α Σ Σ Κ Β Ψ Ω Ξ Δ
Σ Ρ Ι Ε Ρ Ν Η Χ Ψ Ώ Ξ Ψ Υ Ρ
Η Α Τ Ι Ί Ό Ί Χ Ο Δ Ν Δ Λ Ο
Ω Π Τ Α Α Σ Ι Ψ Ψ Ν Ι Ο Ψ Γ
Ε Ο Κ Α Τ Α Γ Ω Γ Ή Β Ο Υ Ό
Μ Ψ Ε Υ Ψ Ό Μ Ε Τ Ρ Ο Δ Α Ν
Υ Σ Κ Α Τ Ε Ύ Θ Υ Ν Σ Η Μ Ο
```

ΑΈΡΑΣ	ΠΛΉΡΩΜΑ
ΥΨΌΜΕΤΡΟ	ΦΟΥΣΚΏΝΟΥΝ
ΑΤΜΌΣΦΑΙΡΑ	ΎΨΟΣ
ΠΡΟΣΓΕΊΩΣΗ	ΙΣΤΟΡΊΑ
ΠΕΡΙΠΈΤΕΙΑ	ΥΔΡΟΓΌΝΟ
ΜΠΑΛΌΝΙ	ΜΗΧΑΝΉ
ΟΥΡΑΝΌΣ	ΕΠΙΒΆΤΗ
ΚΑΤΑΓΩΓΉ	ΠΙΛΟΤΙΚΉ
ΚΑΤΕΎΘΥΝΣΗ	

23 - Aventure

```
Φ  Δ  Ρ  Ο  Μ  Ο  Λ  Ό  Γ  Ι  Ο  Π  Α  Ε
Υ  Ί  Μ  Β  Έ  Μ  Φ  Ν  Σ  Α  Σ  Ρ  Σ  Ν
Χ  Π  Λ  Υ  Γ  Ο  Ύ  Χ  Β  Ψ  Ψ  Ο  Φ  Θ
Ί  Α  Ω  Ο  Δ  Ρ  Σ  Έ  Γ  Ξ  Ί  Ο  Ά  Ο
Β  Ρ  Ρ  Σ  Ι  Φ  Η  Ρ  Ω  Μ  Υ  Ρ  Λ  Υ
Ρ  Α  Ν  Ά  Γ  Ι  Λ  Σ  Λ  Ί  Η  Ι  Ε  Σ
Ω  Σ  Ν  Ρ  Ρ  Ά  Ξ  Π  Ι  Υ  Β  Σ  Ι  Ι
Ω  Κ  Ί  Έ  Ε  Κ  Δ  Ρ  Ο  Μ  Ή  Μ  Α  Α
Γ  Ε  Ν  Ν  Α  Ι  Ό  Τ  Η  Τ  Α  Ό  Ξ  Σ
Π  Υ  Ε  Υ  Κ  Α  Ι  Ρ  Ί  Α  Ω  Σ  Π  Μ
Β  Ή  Α  Σ  Υ  Ν  Ή  Θ  Ι  Σ  Τ  Ο  Τ  Ό
Δ  Ρ  Α  Σ  Τ  Η  Ρ  Ι  Ό  Τ  Η  Τ  Α  Σ
Ε  Π  Ι  Κ  Ί  Ν  Δ  Υ  Ν  Ο  Ψ  Γ  Ψ  Υ
Δ  Υ  Σ  Κ  Ο  Λ  Ί  Α  Τ  Α  Ξ  Ί  Δ  Ι
```

ΔΡΑΣΤΗΡΙΌΤΗΤΑ	ΕΚΔΡΟΜΉ
ΦΊΛΟΙ	ΑΣΥΝΉΘΙΣΤΟ
ΟΜΟΡΦΙΆ	ΔΡΟΜΟΛΌΓΙΟ
ΓΕΝΝΑΙΌΤΗΤΑ	ΧΑΡΆ
ΕΥΚΑΙΡΊΑ	ΦΎΣΗ
ΕΠΙΚΊΝΔΥΝΟ	ΝΈΑ
ΠΡΟΟΡΙΣΜΌΣ	ΠΑΡΑΣΚΕΥΉ
ΔΥΣΚΟΛΊΑ	ΑΣΦΆΛΕΙΑ
ΕΝΘΟΥΣΙΑΣΜΌΣ	ΤΑΞΊΔΙ

24 - Ville

```
Ν  Υ  Μ  Δ  Β  Ξ  Ξ  Π  Α  Ψ  Σ  Η  Α  Ο
Σ  Τ  Ά  Δ  Ι  Ο  Ε  Α  Ε  Σ  Χ  Ε  Ρ  Έ
Ζ  Ρ  Ρ  Β  Β  Σ  Ν  Ν  Ρ  Α  Ο  Ω  Τ  Ο
Ω  Ά  Κ  Ι  Λ  Υ  Ο  Ε  Ο  Λ  Λ  Θ  Ο  Φ
Ο  Π  Ε  Β  Ι  Λ  Δ  Π  Δ  Ό  Ε  Έ  Π  Α
Λ  Ε  Τ  Λ  Ο  Λ  Ο  Ι  Ρ  Ν  Ί  Α  Ο  Ρ
Ο  Ζ  Ψ  Ι  Θ  Ο  Χ  Σ  Ό  Ι  Ο  Τ  Ι  Μ
Γ  Α  Λ  Ο  Ή  Γ  Ε  Τ  Μ  Ο  Ε  Ρ  Ε  Α
Ι  Γ  Ξ  Π  Κ  Ή  Ί  Ή  Ι  Υ  Ξ  Ο  Ί  Κ
Κ  Ο  Ν  Ω  Η  Η  Ο  Μ  Ο  Λ  Π  Μ  Ο  Ε
Ό  Ρ  Ρ  Λ  Υ  Κ  Λ  Ι  Ν  Ι  Κ  Ή  Ι  Ί
Ρ  Ά  Α  Ε  Α  Ν  Θ  Ο  Π  Ω  Λ  Ε  Ί  Ο
Ε  Υ  Μ  Ί  Ε  Σ  Τ  Ι  Α  Τ  Ό  Ρ  Ι  Ο
Χ  Τ  Μ  Ο  Υ  Σ  Ε  Ί  Ο  Μ  Ι  Η  Γ  Ρ
```

ΑΕΡΟΔΡΌΜΙΟ	ΑΓΟΡΆ
ΤΡΆΠΕΖΑ	ΜΟΥΣΕΊΟ
ΒΙΒΛΙΟΘΉΚΗ	ΦΑΡΜΑΚΕΊΟ
ΑΡΤΟΠΟΙΕΊΟ	ΕΣΤΙΑΤΌΡΙΟ
ΚΛΙΝΙΚΉ	ΣΑΛΌΝΙ
ΣΧΟΛΕΊΟ	ΣΤΆΔΙΟ
ΑΝΘΟΠΩΛΕΊΟ	ΜΆΡΚΕΤ
ΣΥΛΛΟΓΉ	ΘΈΑΤΡΟ
ΞΕΝΟΔΟΧΕΊΟ	ΠΑΝΕΠΙΣΤΉΜΙΟ
ΒΙΒΛΙΟΠΩΛΕΊΟ	ΖΩΟΛΟΓΙΚΌ

25 - Cuisine

Ψ Υ Γ Ε Ί Ο Σ Ξ Ι Ί Β Έ Τ Η
Β Κ Κ Ψ Φ Η Χ Υ Υ Ψ Α Υ Ρ Υ
Ρ Ο Ύ Μ Ο Υ Ά Λ Ν Λ Μ Π Ο Λ
Α Υ Π Α Ύ Β Ρ Ο Ί Τ Ά Ψ Φ Ξ
Σ Τ Ε Χ Ρ Σ Α Ψ Ο Ω Α Κ Ή Έ
Τ Ά Λ Α Ν Κ Α Ν Ά Τ Α Γ Ι Ω
Ή Λ Λ Ί Ο Μ Ω Δ Γ Σ Λ Η Ή Α
Ρ Α Α Ρ Σ Κ Ο Υ Τ Ά Λ Ι Α Π
Α Π Π Ι Ρ Ο Ύ Ν Ι Α Δ Ί Ι Ψ
Σ Ο Χ Α Ρ Τ Ο Π Ε Τ Σ Έ Τ Α
Γ Δ Μ Π Α Χ Α Ρ Ι Κ Ό Ε Μ Έ
Ο Ι Σ Φ Ο Υ Γ Γ Ά Ρ Ι Ρ Γ Έ
Ψ Ά Ι Ί Ν Ω Α Ξ Γ Ι Ι Η Ι Λ
Β Γ Η Ψ Υ Ο Η Ε Π Ψ Τ Η Λ Η

ΞΥΛΆΚΙΑ	ΠΙΡΟΎΝΙΑ
ΜΠΟΛ	ΣΧΆΡΑ
ΒΡΑΣΤΉΡΑΣ	ΚΟΥΤΆΛΑ
ΜΑΧΑΊΡΙΑ	ΤΡΟΦΉ
ΚΑΝΆΤΑ	ΣΥΝΤΑΓΉ
ΚΟΥΤΆΛΙΑ	ΨΥΓΕΊΟ
ΜΠΑΧΑΡΙΚΌ	ΧΑΡΤΟΠΕΤΣΈΤΑ
ΣΦΟΥΓΓΆΡΙ	ΠΟΔΙΆ
ΦΟΎΡΝΟΣ	ΚΎΠΕΛΛΑ

26 - Corps Humain

Λ	Α	Α	Α	Γ	Κ	Ώ	Ν	Α	Ί	Δ	Ο	Π	Σ
Α	Υ	Γ	Ί	Τ	Ο	Π	Β	Ο	Λ	Ά	Ο	Ρ	Τ
Σ	Τ	Ξ	Έ	Μ	Υ	Α	Λ	Ό	Έ	Χ	Δ	Ό	Ό
Η	Ί	Λ	Χ	Λ	Α	Ι	Μ	Ό	Σ	Τ	Υ	Σ	Μ
Α	Σ	Τ	Ρ	Ά	Γ	Α	Λ	Ο	Σ	Υ	Σ	Ω	Α
Τ	Υ	Ρ	Π	Η	Γ	Ο	Ύ	Ν	Ι	Λ	Α	Π	Α
Τ	Υ	Σ	Χ	Χ	Ό	Χ	Β	Η	Ξ	Ο	Γ	Ο	Σ
Χ	Ρ	Π	Ρ	Λ	Ν	Η	Τ	Ξ	Γ	Ε	Ό	Π	Τ
Έ	Ε	Σ	Μ	Γ	Α	Β	Ο	Α	Γ	Ρ	Ν	Μ	Ο
Ρ	Υ	Ί	Ο	Ί	Τ	Ξ	Ε	Μ	Ω	Η	Ι	Π	Μ
Ι	Γ	Ί	Λ	Λ	Ο	Ω	Ι	Μ	Ύ	Τ	Έ	Ώ	Ά
Ν	Υ	Α	Δ	Η	Δ	Έ	Ρ	Μ	Α	Τ	Χ	Μ	Χ
Κ	Ε	Φ	Ά	Λ	Ι	Ψ	Μ	Χ	Π	Ξ	Η	Ο	Ι
Κ	Α	Ρ	Δ	Ι	Ά	Ψ	Ί	Η	Ε	Β	Τ	Σ	Ο

ΣΤΌΜΑ	ΧΕΊΛΗ
ΜΥΑΛΌ	ΧΈΡΙ
ΑΣΤΡΆΓΑΛΟΣ	ΣΑΓΌΝΙ
ΛΑΙΜΌΣ	ΠΗΓΟΎΝΙ
ΑΓΚΏΝΑ	ΜΎΤΗ
ΚΑΡΔΙΆ	ΑΥΤΊ
ΔΆΧΤΥΛΟ	ΔΈΡΜΑ
ΣΤΟΜΆΧΙ	ΑΊΜΑ
ΏΜΟΣ	ΚΕΦΆΛΙ
ΓΌΝΑΤΟ	ΠΡΌΣΩΠΟ

27 - Épices

```
Κ Β Κ Μ Μ Ι Λ Ν Λ Π Σ Μ Η Ι
Ά Α Ρ Π Ά Π Ρ Ι Κ Α Ι Π Χ Σ
Ρ Ν Ο Γ Ρ Κ Ά Ρ Υ Α Μ Κ Μ Μ
Δ Ί Κ Ι Α Κ Ρ Ω Ι Ρ Σ Α Ρ Ω
Α Λ Ο Γ Θ Κ Ύ Ε Ν Ρ Λ Ί Ν Ή
Μ Ι Σ Λ Ο Ο Ω Μ Μ Α Λ Ά Τ Ι
Ο Α Υ Υ Ξ Υ Ω Τ Ι Μ Ι Υ Ο Π
Γ Λ Υ Κ Ό Ρ Ι Ζ Α Ν Ύ Ο Π Ι
Ε Ί Τ Ά Ψ Κ Σ Ί Ξ Ι Ο Δ Δ Π
Ύ Γ Ξ Ν Υ Ο Κ Ν Ι Α Ε Έ Ι Έ
Σ Δ Ξ Ι Ξ Ύ Ό Τ Ν Γ Σ Η Σ Ρ
Η Σ Ξ Σ Ω Μ Ρ Ζ Ή Έ Ι Ο Υ Ι
Ι Ο Ψ Ο Σ Η Δ Ε Σ Μ Ψ Ί Ξ Ο
Κ Α Ν Έ Λ Α Ο Ρ Υ Β Ψ Α Χ Δ
```

ΞΙΝΉ	ΤΖΊΝΤΖΕΡ
ΣΚΌΡΔΟ	ΚΡΕΜΜΎΔΙ
ΠΙΚΡΉ	ΠΆΠΡΙΚΑ
ΓΛΥΚΆΝΙΣΟ	ΠΙΠΈΡΙ
ΚΑΝΈΛΑ	ΓΛΥΚΌΡΙΖΑ
ΚΆΡΔΑΜΟ	ΚΡΟΚΟΣ
ΚΎΜΙΝΟ	ΓΕΎΣΗ
ΚΟΥΡΚΟΎΜΗ	ΑΛΆΤΙ
ΚΆΡΥ	ΒΑΝΊΛΙΑ
ΜΆΡΑΘΟ	

28 - Science

```
Α  Μ  Γ  Α  Δ  Ε  Δ  Ο  Μ  Έ  Ν  Α  Υ  Φ
Ε  Π  Ε  Μ  Ε  Σ  Ξ  Ρ  Τ  Β  Ξ  Β  Π  Ύ
Β  Ψ  Γ  Ο  Ο  Ι  Β  Έ  Κ  Χ  Β  Α  Ό  Σ
Ά  Τ  Ο  Μ  Ο  Έ  Μ  Έ  Λ  Έ  Λ  Ρ  Θ  Η
Π  Υ  Ν  Ε  Ν  Μ  Ο  Ί  Ί  Ι  Ο  Ύ  Ε  Π
Ν  Α  Ό  Μ  Ό  Ρ  Ι  Α  Μ  Α  Ξ  Τ  Σ  Ε
Τ  Ι  Σ  Ω  Μ  Ί  Σ  Λ  Α  Ε  Σ  Η  Η  Ί
Ο  Ρ  Γ  Α  Ν  Ι  Σ  Μ  Ό  Σ  Χ  Τ  Μ  Ρ
Ρ  Χ  Η  Μ  Ι  Κ  Ή  Υ  Έ  Μ  Ε  Α  Τ  Α
Υ  Ρ  Α  Ψ  Α  Π  Ο  Λ  Ί  Θ  Ω  Μ  Α  Μ
Κ  Σ  Ω  Μ  Α  Τ  Ί  Δ  Ι  Α  Ο  Γ  Υ  Α
Τ  Φ  Υ  Σ  Ι  Κ  Ή  Ε  Η  Χ  Δ  Δ  Β  Δ
Ά  Π  Α  Ρ  Α  Τ  Ή  Ρ  Η  Σ  Η  Ί  Ο  Ί
Β  Ε  Ρ  Γ  Α  Σ  Τ  Ή  Ρ  Ι  Ο  Λ  Ι  Σ
```

ΆΤΟΜΟ	ΕΡΓΑΣΤΉΡΙΟ
ΧΗΜΙΚΉ	ΜΈΘΟΔΟΣ
ΚΛΊΜΑ	ΟΡΥΚΤΆ
ΔΕΔΟΜΈΝΑ	ΜΌΡΙΑ
ΠΕΊΡΑΜΑ	ΦΎΣΗ
ΕΞΈΛΙΞΗ	ΠΑΡΑΤΉΡΗΣΗ
ΓΕΓΟΝΌΣ	ΟΡΓΑΝΙΣΜΌΣ
ΑΠΟΛΊΘΩΜΑ	ΣΩΜΑΤΊΔΙΑ
ΒΑΡΎΤΗΤΑ	ΦΥΣΙΚΉ
ΥΠΌΘΕΣΗ	

29 - Chats

Π Υ Λ Π Γ Ο Π Δ Π Ψ Ί Ξ Ω Π
Ε Ρ Κ Α Ν Ε Ξ Ά Ρ Τ Η Τ Η Α
Ρ Ο Ο Μ Γ Έ Έ Δ Η Ρ Λ Ψ Λ Ι
Ί Υ Ι Σ Ο Π Ν Ν Σ Ε Έ Δ Σ Χ
Ε Ρ Μ Ν Ω Τ Ύ Ξ Ω Λ Τ Ί Γ Ν
Ρ Ά Ά Κ Τ Π Χ Ρ Ψ Ό Ψ Γ Γ Ι
Γ Ρ Μ Ω Υ Ρ Ι Α Σ Τ Ε Ί Ο Δ
Ο Ν Α Ψ Υ Ν Ο Κ Ν Ή Μ Α Υ Ι
Σ Ά Ι Γ Δ Έ Η Π Ό Ξ Η Δ Υ Ά
Ε Γ Ο Ύ Ν Α Ξ Γ Α Τ Λ Σ Γ Ρ
Ξ Ρ Ι Ψ Μ Λ Σ Έ Ό Λ Η Ί Ί Ι
Ι Ι Π Ό Δ Ι Λ Π Ρ Σ Ό Τ Ρ Κ
Ε Ο Π Ο Ν Τ Ί Κ Ι Ψ Υ Σ Α Ο
Ψ Ν Λ Ο Χ Ί Υ Τ Η Ω Λ Τ Χ Υ

ΚΥΝΗΓΌΣ	ΝΎΧΙ
ΠΕΡΊΕΡΓΟΣ	ΑΝΕΞΆΡΤΗΤΗ
ΚΟΙΜΆΜΑΙ	ΠΌΔΙ
ΑΣΤΕΊΟ	ΠΡΟΣΩΠΙΚΌΤΗΤΑ
ΠΑΙΧΝΙΔΙΆΡΙΚΟ	ΟΥΡΆ
ΝΉΜΑ	ΆΓΡΙΟ
ΤΡΕΛΌ,	ΠΟΝΤΊΚΙ
ΓΟΎΝΑ	ΝΤΡΟΠΑΛΌΣ

30 - Vêtements

Ί	Κ	Φ	Ψ	Α	Ν	Π	Α	Π	Ο	Ύ	Τ	Σ	Ι
Π	Α	Ο	Μ	Π	Λ	Ο	Ύ	Ζ	Α	Λ	Ζ	Σ	Ψ
Π	Σ	Ύ	Λ	Π	Δ	Υ	Λ	Μ	Ε	Α	Ι	Α	Ε
Α	Κ	Σ	Ω	Ι	Η	Λ	Ζ	Ι	Ό	Η	Ν	Ν	Σ
Γ	Ό	Τ	Β	Τ	Έ	Ό	Π	Ώ	Π	Δ	Ν	Δ	Π
Ά	Λ	Α	Γ	Ζ	Δ	Β	Ν	Μ	Ν	Ρ	Α	Ά	Α
Ν	Π	Ε	Κ	Ά	Ο	Ε	Ρ	Ψ	Ω	Η	Ε	Λ	Ν
Τ	Ο	Ν	Α	Μ	Β	Ρ	Α	Χ	Ι	Ό	Λ	Ι	Τ
Ι	Ω	Έ	Π	Α	Λ	Τ	Ό	Ι	Σ	Δ	Σ	Α	Ε
Α	Ψ	Χ	Έ	Π	Ο	Υ	Κ	Ά	Μ	Ι	Σ	Ο	Λ
Ί	Γ	Χ	Λ	Φ	Ό	Ρ	Ε	Μ	Α	Ν	Υ	Ε	Ό
Τ	Γ	Ψ	Ο	Δ	Ι	Ι	Χ	Ν	Ω	Β	Ί	Ω	Ν
Ε	Η	Π	Ο	Δ	Ι	Ά	Ν	Σ	Α	Κ	Ά	Κ	Ι
Μ	Β	Β	Π	Έ	Ι	Ν	Έ	Ν	Π	Η	Ί	Υ	Μ

ΒΡΑΧΙΌΛΙ	ΦΟΎΣΤΑ
ΖΏΝΗ	ΠΑΛΤΌ
ΚΑΠΈΛΟ	ΜΌΔΑ
ΠΑΠΟΎΤΣΙ	ΠΑΝΤΕΛΌΝΙ
ΠΟΥΚΆΜΙΣΟ	ΠΟΥΛΌΒΕΡ
ΜΠΛΟΎΖΑ	ΠΙΤΖΆΜΑ
ΚΟΛΙΈ	ΦΌΡΕΜΑ
ΚΑΣΚΌΛ	ΣΑΝΔΆΛΙΑ
ΓΆΝΤΙΑ	ΠΟΔΙΆ
ΤΖΙΝ	ΣΑΚΆΚΙ

31 - Arts Visuels

Φ Α Υ Ο Π Ο Λ Υ Γ Ρ Ά Φ Ο Σ
Ω Ρ Ζ Ω Γ Ρ Α Φ Ι Κ Ή Σ Τ Ύ
Τ Ι Χ Π Κ Κ Ο Κ Κ Π Τ Ω Α Ν
Ο Σ Ψ Ο Α Ε Χ Ο Ι Ε Η Ξ Ι Θ
Γ Τ Κ Ρ Β Ρ Ρ Β Π Μ Ρ Ο Ν Ε
Ρ Ο Ά Τ Α Α Ω Ν Έ Τ Ω Ί Ί Σ
Α Ύ Ρ Ρ Λ Μ Ο Λ Ύ Β Ι Λ Α Η
Φ Ρ Β Έ Έ Ι Ρ Ψ Χ Σ Ε Κ Ί Ο
Ί Γ Ο Τ Τ Κ Ι Η Ι Ν Τ Ξ Ή Α
Α Η Υ Ο Ο Ή Γ Λ Υ Π Τ Ι Κ Ή
Ο Μ Ν Κ Α Λ Λ Ι Τ Έ Χ Ν Η Σ
Μ Α Ο Β Ε Ρ Ν Ί Κ Ι Μ Ρ Υ Έ
Α Ρ Χ Ι Τ Ε Κ Τ Ο Ν Ι Κ Ή Ψ
Γ Α Ρ Δ Χ Ο Σ Τ Υ Λ Ό Μ Σ Ο

ΑΡΧΙΤΕΚΤΟΝΙΚΉ
ΚΑΛΛΙΤΈΧΝΗΣ
ΚΕΡΑΜΙΚΉ
ΚΆΡΒΟΥΝΟ
ΑΡΙΣΤΟΎΡΓΗΜΑ
ΚΑΒΑΛΈΤΟ
ΚΕΡΊ
ΣΎΝΘΕΣΗ
ΚΙΜΩΛΊΑ
ΜΟΛΎΒΙ

ΤΑΙΝΊΑ
ΖΩΓΡΑΦΙΚΉ
ΠΡΟΟΠΤΙΚΉ
ΦΩΤΟΓΡΑΦΊΑ
ΠΟΛΥΓΡΆΦΟ
ΠΟΡΤΡΈΤΟ
ΓΛΥΠΤΙΚΉ
ΣΤΥΛΌ
ΒΕΡΝΊΚΙ

32 - Méditation

Ψ Σ Μ Έ Ξ Ύ Π Ν Η Σ Ε Λ Α Π
Α Υ Ί Ο Σ Μ Ω Ο Ρ Τ Ι Ε Π Ρ
Σ Ε Χ Χ Υ Χ Ι Χ Ε Ά Ρ Υ Ο Ο
Υ Π Ψ Ι Ί Σ Υ Ί Μ Σ Ή Γ Δ Ο
Ν Χ Ί Έ Κ Η Ι Λ Ί Η Ν Ν Ο Π
Α Φ Ύ Σ Η Ή Π Κ Α Β Η Ω Χ Τ
Ι Π Ρ Ο Σ Ο Χ Ή Ή Σ Ο Μ Ή Ι
Σ Σ Ι Ω Π Ή Α Ν Α Π Ν Ο Ή Κ
Θ Γ Χ Ε Ο Ω Υ Λ Κ Ι Η Σ Τ Ή
Ή Κ Α Λ Ο Σ Ύ Ν Η Ί Ξ Ύ Έ Δ
Μ Υ Α Λ Ό Ν Ν Α Ν Ω Ν Ρ Ξ
Α Α Ν Ξ Π Α Ρ Α Τ Ή Ρ Η Σ Η
Τ Σ Α Φ Ή Ν Ε Ι Α Η Ψ Ψ Σ Ξ
Α Σ Υ Μ Π Ό Ν Ι Α Ι Β Δ Ί Η

ΑΠΟΔΟΧΉ	ΨΥΧΙΚΉ
ΠΡΟΣΟΧΉ	ΚΊΝΗΣΗ
ΗΡΕΜΊΑ	ΜΟΥΣΙΚΉ
ΣΑΦΉΝΕΙΑ	ΦΎΣΗ
ΣΥΜΠΌΝΙΑ	ΠΑΡΑΤΉΡΗΣΗ
ΜΥΑΛΌ	ΕΙΡΉΝΗ
ΣΥΝΑΙΣΘΉΜΑΤΑ	ΠΡΟΟΠΤΙΚΉ
ΞΎΠΝΗΣΕ	ΣΤΆΣΗ
ΚΑΛΟΣΎΝΗ	ΑΝΑΠΝΟΉ
ΕΥΓΝΩΜΟΣΎΝΗ	ΣΙΩΠΉ

33 - Littérature

```
Σ  Υ  Μ  Π  Έ  Ρ  Α  Σ  Μ  Α  Α  Ν  Τ  Υ
Α  Ν  Έ  Κ  Δ  Ο  Τ  Ο  Π  Ο  Ί  Η  Μ  Α
Σ  Ύ  Γ  Κ  Ρ  Ι  Σ  Η  Έ  Π  Ω  Λ  Χ  Ε
Ω  Ο  Ν  Ι  Ψ  Α  Ν  Α  Λ  Ο  Γ  Ί  Α  Η
Η  Π  Ε  Ρ  Ι  Γ  Ρ  Α  Φ  Ή  Π  Σ  Ι  Ί
Μ  Υ  Θ  Ι  Σ  Τ  Ό  Ρ  Η  Μ  Α  Τ  Σ  Δ
Ρ  Ε  Δ  Σ  Υ  Γ  Γ  Ρ  Α  Φ  Έ  Α  Σ  Ι
Η  Υ  Μ  Α  Α  Α  Μ  Ε  Τ  Α  Φ  Ο  Ρ  Ά
Ρ  Τ  Θ  Έ  Μ  Α  Ψ  Α  Ε  Ν  Δ  Β  Ν  Λ
Γ  Ν  Ώ  Μ  Η  Π  Ο  Ι  Η  Τ  Ι  Κ  Ή  Ο
Β  Ω  Μ  Ι  Ο  Ω  Ι  Ψ  Έ  Α  Ι  Ε  Ι  Γ
Ν  Μ  Ρ  Δ  Μ  Ύ  Ί  Ξ  Ι  Σ  Τ  Υ  Λ  Ο
Α  Φ  Η  Γ  Η  Τ  Ή  Σ  Χ  Ί  Ψ  Β  Δ  Σ
Λ  Ψ  Ε  Ν  Β  Ι  Ο  Γ  Ρ  Α  Φ  Ί  Α  Υ
```

ΑΝΑΛΟΓΊΑ	ΜΕΤΑΦΟΡΆ
ΑΝΈΚΔΟΤΟ	ΑΦΗΓΗΤΉΣ
ΣΥΓΓΡΑΦΈΑΣ	ΓΝΏΜΗ
ΒΙΟΓΡΑΦΊΑ	ΠΟΊΗΜΑ
ΣΎΓΚΡΙΣΗ	ΠΟΙΗΤΙΚΉ
ΣΥΜΠΈΡΑΣΜΑ	ΜΥΘΙΣΤΌΡΗΜΑ
ΠΕΡΙΓΡΑΦΉ	ΡΥΘΜΟΎ
ΔΙΆΛΟΓΟΣ	ΣΤΥΛ
ΦΑΝΤΑΣΊΑ	ΘΈΜΑ

34 - Nourriture #1

Α	Έ	Ψ	Β	Ν	Α	Φ	Σ	Ε	Έ	Α	Δ	Έ	Λ
Κ	Ω	Ω	Ι	Μ	Λ	Ρ	Δ	Κ	Ω	Τ	Σ	Ί	Δ
Α	Ρ	Ξ	Ν	Β	Ά	Ά	Κ	Υ	Ό	Γ	Α	Ά	Λ	Α
Φ	Χ	Ι	Ε	Γ	Τ	Ο	Ι	Α	Χ	Ρ	Σ	Η	Χ
Έ	Υ	Τ	Θ	Ζ	Ι	Υ	Α	Κ	Ν	Έ	Δ	Ψ	Λ
Ε	Μ	Ό	Κ	Ά	Ω	Λ	Ρ	Ρ	Ω	Έ	Μ	Ο	Ά
Ί	Ό	Ν	Ρ	Χ	Ρ	Α	Ι	Ε	Δ	Τ	Λ	Μ	Δ
Γ	Σ	Ο	Έ	Α	Ξ	Ι	Σ	Μ	Α	Ί	Ε	Α	Ι
Ο	Ξ	Σ	Α	Ρ	Τ	Η	Α	Μ	Μ	Ο	Μ	Έ	Ω
Γ	Τ	Τ	Σ	Η	Ρ	Σ	Λ	Ύ	Σ	Ψ	Ό	Λ	Δ
Γ	Κ	Α	Ρ	Ό	Τ	Ο	Ά	Δ	Ε	Γ	Ν	Λ	Β
Ύ	Ψ	Σ	Η	Ψ	Μ	Ύ	Τ	Ι	Ξ	Δ	Ι	Έ	Ν
Λ	Π	Δ	Ί	Ρ	Σ	Π	Α	Ν	Ά	Κ	Ι	Χ	Ί
Ι	Έ	Ε	Ρ	Π	Β	Α	Σ	Ι	Λ	Ι	Κ	Ο	Ύ

ΣΚΌΡΔΟ	ΓΟΓΓΎΛΙ
ΒΑΣΙΛΙΚΟΎ	ΚΡΕΜΜΎΔΙ
ΚΑΦΈ	ΚΡΙΘΆΡΙ
ΚΑΝΈΛΑ	ΑΧΛΆΔΙ
ΚΑΡΌΤΟ	ΣΑΛΆΤΑ
ΛΕΜΌΝΙ	ΑΛΆΤΙ
ΣΠΑΝΆΚΙ	ΣΟΎΠΑ
ΦΡΆΟΥΛΑ	ΖΆΧΑΡΗ
ΧΥΜΌΣ	ΤΌΝΟΣ
ΓΆΛΑ	ΚΡΈΑΣ

35 - Jours et Mois

<pre>
Τ Ε Τ Ά Ρ Τ Η Ψ Ν Ξ Τ Υ Ε Ι
Σ Ά Β Β Α Τ Ο Λ Π Α Μ Β Π Ο
Δ Ε Υ Τ Έ Ρ Α Χ Β Π Τ Υ Γ Υ
Α Φ Ε Β Ρ Ο Υ Α Ρ Ί Ο Υ Γ Ν
Μ Υ Ε Β Δ Ο Μ Ά Δ Α Π Μ Γ Ί
Γ Ή Γ Ι Α Ν Ο Υ Α Ρ Ί Ο Υ Ο
Ξ Π Ν Ο Ε Μ Β Ρ Ί Ο Υ Δ Ρ Υ
Π Ο Τ Α Ύ Μ Ε Ι Ο Υ Λ Ί Ο Υ
Έ Ρ Ρ Γ Σ Σ Α Π Ρ Ι Λ Ί Ο Υ
Μ Ε Ί Σ Ε Π Τ Ε Μ Β Ρ Ί Ο Υ
Π Ί Τ Β Γ Ο Ψ Ο Η Σ Ί Χ Α Σ
Τ Α Η Ε Η Η Ξ Κ Υ Ρ Ι Α Κ Ή
Η Μ Ε Ρ Ο Λ Ό Γ Ι Ο Α Γ Α Χ
Ι Γ Ο Κ Τ Ω Β Ρ Ί Ο Υ Ε Υ Λ
</pre>

ΑΥΓΟΎΣΤΟΥ	ΤΡΊΤΗ
ΑΠΡΙΛΊΟΥ	ΠΟΡΕΊΑ
ΗΜΕΡΟΛΌΓΙΟ	ΤΕΤΆΡΤΗ
ΚΥΡΙΑΚΉ	ΜΉΝΑΣ
ΦΕΒΡΟΥΑΡΊΟΥ	ΝΟΕΜΒΡΊΟΥ
ΙΑΝΟΥΑΡΊΟΥ	ΟΚΤΩΒΡΊΟΥ
ΠΈΜΠΤΗ	ΣΆΒΒΑΤΟ
ΙΟΥΛΊΟΥ	ΕΒΔΟΜΆΔΑ
ΙΟΥΝΊΟΥ	ΣΕΠΤΕΜΒΡΊΟΥ
ΔΕΥΤΈΡΑ	

36 - Championnat

```
Δ Σ Ι Α Υ Σ Ε Φ Ί Δ Ρ Ω Σ Η
Π Υ Ξ Ί Υ Κ Ί Ν Η Τ Ρ Ο Α Ν
Φ Ι Ν Α Λ Ί Σ Τ Δ Ω Έ Σ Θ Π
Γ Τ Δ Έ Δ Ι Κ Α Σ Τ Ή Σ Λ Ο
Τ Ω Ί Ν Τ Ο Υ Ρ Ν Ο Υ Ά Η Ο
Β Π Ρ Ω Τ Ά Θ Λ Η Μ Α Β Τ Ε
Ο Μ Β Σ Μ Π Α Ι Χ Ν Ί Δ Ι Α
Α Μ Σ Η Γ Ε Ν Χ Π Μ Ω Λ Κ Χ
Ν Π Ά Π Ρ Ω Τ Α Θ Λ Η Τ Ή Σ
Ί Ι Ό Δ Υ Γ Ο Ά Η Ψ Γ Τ Έ Υ
Κ Ο Δ Δ Α Υ Χ Έ Λ Ι Ε Η Ξ Έ
Η Σ Β Ε Ο Τ Ή Β Λ Λ Γ Μ Ε Ι
Υ Χ Χ Έ Η Σ Ί Σ Ν Β Ι Μ Ν Ε
Γ Σ Τ Ρ Α Τ Η Γ Ι Κ Ή Ο Ψ Ψ
```

ΠΡΩΤΑΘΛΗΤΉΣ	ΜΕΤΆΛΛΙΟ
ΠΡΩΤΆΘΛΗΜΑ	ΚΊΝΗΤΡΟ
ΑΝΤΟΧΉ	ΑΠΌΔΟΣΗ
ΟΜΆΔΑ	ΑΘΛΗΤΙΚΉ
ΦΙΝΑΛΊΣΤ	ΣΤΡΑΤΗΓΙΚΉ
ΠΑΙΧΝΊΔΙΑ	ΤΟΥΡΝΟΥΆ
ΔΙΚΑΣΤΉΣ	ΕΦΊΔΡΩΣΗ
ΈΝΩΣΗ	ΝΊΚΗ

37 - Pirates

Σ	Κ	Ι	Ν	Δ	Ύ	Ν	Ο	Υ	Σ	Ω	Θ	Υ	Π
Π	Έ	Γ	Ψ	Γ	Ε	Ι	Υ	Έ	Λ	Κ	Η	Ά	Ε
Α	Ρ	Ο	Ύ	Μ	Ι	Χ	Λ	Ω	Ο	Ε	Σ	Γ	Ρ
Θ	Μ	Α	Έ	Η	Τ	Ρ	Ή	Μ	Ξ	Α	Α	Κ	Ι
Ί	Α	Χ	Έ	Ι	Ε	Υ	Π	Ω	Α	Ν	Υ	Υ	Π
Σ	Τ	Ά	Έ	Σ	Χ	Σ	Έ	Α	Έ	Ό	Ρ	Ρ	Έ
Ο	Α	Ρ	Π	Π	Ξ	Ό	Ρ	Ψ	Ρ	Σ	Ό	Α	Τ
Σ	Υ	Τ	Ί	Υ	Π	Σ	Γ	Ω	Λ	Α	Σ	Σ	Ε
Ν	Η	Η	Π	Λ	Ή	Ρ	Ω	Μ	Α	Δ	Λ	Μ	Ι
Υ	Τ	Μ	Κ	Τ	Ε	Ξ	Ε	Δ	Σ	Γ	Μ	Ί	Α
Λ	Ο	Χ	Α	Γ	Ό	Σ	Θ	Ρ	Ύ	Λ	Ο	Σ	Α
Ρ	Ο	Χ	Κ	Ί	Ν	Η	Σ	Ί	Ο	Έ	Ί	Ν	Η
Γ	Β	Ί	Ό	Π	Α	Π	Α	Γ	Ά	Λ	Ο	Σ	Δ
Ρ	Ν	Γ	Β	Ε	Μ	Σ	Π	Ή	Λ	Α	Ι	Ο	Ι

ΆΓΚΥΡΑ	ΝΗΣΊ
ΠΕΡΙΠΈΤΕΙΑ	ΘΡΎΛΟΣ
ΛΟΧΑΓΌΣ	ΚΑΚΌ
ΧΆΡΤΗ	ΩΚΕΑΝΌΣ
ΟΥΛΉ	ΧΡΥΣΌΣ
ΚΙΝΔΎΝΟΥ	ΠΑΠΑΓΆΛΟΣ
ΣΗΜΑΊΑ	ΚΈΡΜΑΤΑ
ΣΠΑΘΊ	ΠΑΡΑΛΊΑ
ΠΛΉΡΩΜΑ	ΡΟΎΜΙ
ΣΠΉΛΑΙΟ	ΘΗΣΑΥΡΌΣ

38 - Activités

```
Π Έ Ε Μ Κ Τ Ί Τ Φ Χ Μ Α Κ Ρ
Α Γ Π Σ Ε Α Π Λ Ω Έ Α Ν Υ Ά
Ι Ι Ι Υ Ρ Χ Ν Κ Τ Α Γ Α Ν Ψ
Χ Τ Δ Μ Α Α Η Ά Ο Δ Ε Ψ Ή Ι
Ν Ψ Ε Φ Μ Λ Ξ Μ Γ Α Ί Υ Γ Μ
Ί Τ Ξ Έ Ι Ά Ψ Π Ρ Ν Α Χ Ι Ο
Δ Έ Ι Ρ Κ Ρ Ι Ι Α Ο Ω Ή Μ Ν
Ι Χ Ό Ο Ή Ω Η Ν Φ Έ Ξ Σ Ί Ν
Α Ν Τ Ν Ε Σ Λ Γ Ί Π Έ Μ Η Ψ
Ε Η Η Τ Λ Η Α Κ Α Δ Α Μ Γ Ά
Ο Ρ Τ Α Κ Η Π Ο Υ Ρ Ι Κ Ή Ρ
Η Β Α Π Ε Ζ Ο Π Ο Ρ Ί Α Έ Ε
Ε Υ Χ Α Ρ Ί Σ Τ Η Σ Η Χ Ί Μ
Λ Ν Λ Ψ Σ Β Ι Ο Τ Ε Χ Ν Ί Α
```

ΤΈΧΝΗ	ΠΑΙΧΝΊΔΙΑ
ΒΙΟΤΕΧΝΊΑ	ΑΝΆΓΝΩΣΗ
ΚΆΜΠΙΝΓΚ	ΑΝΑΨΥΧΉ
ΚΕΡΑΜΙΚΉ	ΜΑΓΕΊΑ
ΚΥΝΉΓΙ	ΨΆΡΕΜΑ
ΕΠΙΔΕΞΙΌΤΗΤΑ	ΦΩΤΟΓΡΑΦΊΑ
ΡΆΨΙΜΟ	ΕΥΧΑΡΊΣΤΗΣΗ
ΣΥΜΦΈΡΟΝΤΑ	ΠΕΖΟΠΟΡΊΑ
ΚΗΠΟΥΡΙΚΉ	ΧΑΛΆΡΩΣΗ

39 - Fleurs

Π	Ξ	Β	Δ	Ψ	Η	Ο	Ρ	Χ	Ι	Δ	Έ	Α	Σ
Μ	Ν	Μ	Σ	Α	Λ	Τ	Ο	Υ	Λ	Ί	Π	Α	Β
Π	Π	Α	Σ	Σ	Ι	Φ	Λ	Ό	Ρ	Α	Ν	Έ	Γ
Α	Έ	Ρ	Γ	Β	Ο	Μ	Π	Ο	Υ	Κ	Έ	Τ	Ο
Σ	Τ	Γ	Ι	Κ	Τ	Γ	Ρ	Ξ	Ω	Λ	Ρ	Ρ	Π
Χ	Α	Α	Α	Ξ	Ρ	Η	Τ	Υ	Σ	Δ	Ι	Ι	Α
Α	Λ	Ρ	Σ	Έ	Ό	Ί	Ο	Π	Λ	Μ	Β	Φ	Π
Λ	Ο	Ί	Ε	Ρ	Π	Α	Ν	Π	Ψ	Α	Ί	Ύ	Α
Ι	Μ	Τ	Μ	Τ	Ι	Μ	Υ	Ο	Ν	Ν	Σ	Λ	Ρ
Ά	Γ	Α	Ί	Ι	Ο	Λ	Λ	Ξ	Σ	Ό	Κ	Λ	Ο
Τ	Ρ	Ι	Α	Ν	Τ	Ά	Φ	Υ	Λ	Λ	Ο	Ι	Ύ
Π	Α	Ι	Ω	Ν	Ί	Α	Ν	Ω	Α	Ι	Σ	Ο	Ν
Γ	Α	Ρ	Δ	Έ	Ν	Ι	Α	Έ	Δ	Α	Δ	Τ	Α
Τ	Π	Γ	Ί	Π	Τ	Λ	Ε	Β	Ά	Ν	Τ	Α	Β

ΜΠΟΥΚΈΤΟ	ΟΡΧΙΔΈΑ
ΓΑΡΔΈΝΙΑ	ΠΑΣΣΙΦΛΌΡΑ
ΙΒΊΣΚΟΣ	ΠΑΠΑΡΟΎΝΑ
ΓΙΑΣΕΜΊ	ΠΈΤΑΛΟ
ΛΕΒΆΝΤΑ	ΠΑΙΩΝΊΑ
ΠΑΣΧΑΛΙΆ	ΤΡΙΑΝΤΆΦΥΛΛΟ
ΚΡΊΝΟΣ	ΗΛΙΟΤΡΌΠΙΟ
ΜΑΝΌΛΙΑ	ΤΡΙΦΎΛΛΙ
ΜΑΡΓΑΡΊΤΑ	ΤΟΥΛΊΠΑ

40 - Nourriture #2

```
Μ Ή Λ Ο Α Ψ Β Μ Ο Μ Τ Η Χ Ο
Ε Ά Ψ Α Υ Α Ω Ω Ω Π Ψ Ω Ι Ξ
Λ Μ Ν Ω Γ Υ Τ Μ Έ Α Ψ Ά Β Ψ
Ι Α Ρ Γ Ό Υ Ν Μ Ί Ν Ο Ν Ρ Λ
Τ Ν Ε Ο Κ Κ Λ Π Χ Ά Α Λ Ν Ι
Ζ Ι Τ Γ Ε Ο Μ Α Σ Ν Κ Σ Ν Μ
Ά Τ Ω Ο Ρ Τ Ξ Μ Γ Α Τ Έ Τ Σ
Ν Ά Ί Π Ά Ό Ρ Ύ Ζ Ι Ι Λ Ο Ξ
Α Ρ Ί Α Σ Π Ρ Γ Α Σ Ν Ι Μ Χ
Ξ Ι Υ Η Ι Ο Έ Δ Μ Υ Ί Ν Ά Ξ
Ρ Τ Έ Β Γ Υ Α Α Π Β Δ Ο Τ Μ
Σ Τ Α Φ Ύ Λ Ι Λ Ό Ν Ι Ε Α Υ
Μ Π Ρ Ό Κ Ο Λ Ο Ν Μ Ο Έ Ί Π
Σ Ι Τ Ά Ρ Ι Σ Ο Κ Ο Λ Ά Τ Α
```

ΑΜΎΓΔΑΛΟ	ΑΚΤΙΝΊΔΙΟ
ΜΕΛΙΤΖΆΝΑ	ΜΆΝΓΚΟ
ΜΠΑΝΆΝΑ	ΑΥΓΌ
ΣΙΤΆΡΙ	ΨΩΜΊ
ΜΠΡΌΚΟΛΟ	ΨΆΡΙ
ΚΕΡΆΣΙ	ΜΉΛΟ
ΣΈΛΙΝΟ	ΚΟΤΟΠΟΥΛΟ
ΜΑΝΙΤΆΡΙ	ΣΤΑΦΎΛΙ
ΣΟΚΟΛΆΤΑ	ΡΎΖΙ
ΖΑΜΠΌΝ	ΝΤΟΜΆΤΑ

41 - Océan

H N Γ Δ Σ K K A B O Ύ P I K
Ω Π Ψ E Φ O M P Ί Ψ A M E Ύ
Ω X B Λ O P X Έ Λ I Ά Σ Λ M
O Δ T Φ Y Ά M Ω Y M P P I A
A Π Ψ Ί Γ Λ T Ί E Ψ K K I T
X Λ N N Γ Λ M Δ Ί Π A A O A
Ξ M Ά I Ά I Σ Ί T X P T M X
B Έ Σ T P E Ί Δ I E X A T T
Ά Δ P B I Γ B Φ Ά Λ A I N A
P O B A B A Λ Ξ M Ώ P Γ Σ Π
K Y Ξ T M P I O Σ N Ί Ί Ξ Ό
A Σ A M B Ί Έ Ω O A A Δ O Δ
Λ E B I B Δ Φ Ύ K I Σ A N I
Γ Σ Δ Έ Γ A T Ό N O Σ A O O

ΦΎΚΙ	ΜΈΔΟΥΣΕΣ
ΧΈΛΙ	ΨΆΡΙ
ΦΆΛΑΙΝΑ	ΧΤΑΠΌΔΙ
ΒΆΡΚΑ	ΚΑΡΧΑΡΊΑΣ
ΚΟΡΆΛΛΙ	ΞΈΡΑ
ΚΑΒΟΎΡΙ	ΑΛΆΤΙ
ΓΑΡΊΔΑ	ΚΑΤΑΙΓΊΔΑ
ΔΕΛΦΊΝΙ	ΤΌΝΟΣ
ΣΦΟΥΓΓΆΡΙ	ΧΕΛΏΝΑ
ΣΤΡΕΊΔΙ	ΚΎΜΑΤΑ

42 - Remplir

```
Σ  Α  Φ  Ω  Έ  Έ  Έ  Φ  Ρ  Ε  Μ  Γ  Η  Γ
Ψ  Ω  Έ  Ά  Υ  Υ  Α  Ω  Ά  Χ  Ί  Σ  Ν  Ι
Ω  Ι  Ψ  Β  Κ  Ο  Υ  Τ  Ί  Κ  Ω  Β  Δ  Μ
Υ  Π  Η  Ί  Έ  Ε  Ω  Λ  Ξ  Α  Ε  Α  Μ  Λ
Χ  Ε  Ι  Ω  Ε  Κ  Λ  Ί  Ν  Λ  Χ  Λ  Π  Ε
Σ  Υ  Ρ  Τ  Ά  Ρ  Ι  Ο  Η  Ά  Τ  Ί  Ο  Κ
Α  Π  Π  Σ  Ν  Ν  Ν  Β  Σ  Θ  Έ  Τ  Υ  Ά
Κ  Α  Ψ  Έ  Β  Ά  Ζ  Ο  Ώ  Ι  Ω  Σ  Κ  Ν
Ο  Κ  Ί  Π  Χ  Έ  Ε  Α  Γ  Τ  Β  Α  Ά  Η
Ύ  Έ  Ι  Η  Δ  Ί  Σ  Κ  Ο  Σ  Ι  Σ  Λ  Γ
Λ  Τ  Α  Ε  Ι  Δ  Έ  Ξ  Σ  Μ  Σ  Ο  Ι  Π
Α  Ο  Χ  Α  Ρ  Τ  Ο  Κ  Ι  Β  Ώ  Τ  Ι  Ο
Σ  Λ  Β  Β  Β  Α  Ρ  Έ  Λ  Ι  Ο  Γ  Π  Β
Σ  Ω  Λ  Ή  Ν  Α  Σ  Β  Λ  Π  Ε  Γ  Ί  Α
```

ΒΑΡΈΛΙ	ΠΑΚΈΤΟ
ΛΕΚΆΝΗ	ΔΊΣΚΟΣ
ΚΟΥΤΊ	ΤΣΈΠΗ
ΜΠΟΥΚΆΛΙ	ΣΑΚΟΎΛΑ
ΚΙΒΏΤΙΟ	ΣΥΡΤΆΡΙ
ΧΑΡΤΟΚΙΒΏΤΙΟ	ΣΩΛΉΝΑΣ
ΦΆΚΕΛΟ	ΒΑΛΊΤΣΑ
ΦΆΚΕΛΟΣ	ΒΆΖΟ
ΚΑΛΆΘΙ	

43 - Ballet

Ρ	Σ	Ό	Λ	Ο	Ά	Σ	Κ	Η	Σ	Η	Ρ	Μ	Χ
Χ	Ε	Ι	Ρ	Ο	Ν	Ο	Μ	Ί	Α	Κ	Ρ	Π	Ο
Π	Ρ	Ό	Β	Α	Ψ	Μ	Τ	Σ	Μ	Α	Α	Α	Ρ
Χ	Γ	Ξ	Α	Ρ	Ξ	Ο	Β	Ι	Α	Λ	Κ	Λ	Ο
Ο	Ο	Μ	Ρ	Η	Έ	Υ	Μ	Γ	Ι	Λ	Ρ	Α	Γ
Ρ	Υ	Θ	Μ	Ο	Ύ	Σ	Δ	Γ	Ρ	Ι	Ο	Ρ	Ρ
Ε	Π	Ι	Δ	Ε	Ξ	Ι	Ό	Τ	Η	Τ	Α	Ί	Α
Υ	Έ	Μ	Σ	Έ	Ρ	Κ	Β	Μ	Γ	Ε	Τ	Ν	Φ
Τ	Χ	Δ	Γ	Α	Ν	Ή	Ε	Γ	Ι	Χ	Ή	Α	Ί
Ε	Δ	Λ	Ι	Γ	Σ	Τ	Δ	Ξ	Γ	Ν	Ρ	Σ	Α
Σ	Τ	Υ	Λ	Β	Ί	Χ	Α	Έ	Γ	Ι	Ι	Ε	Β
Σ	Υ	Ν	Θ	Έ	Τ	Η	Ψ	Σ	Ρ	Κ	Ο	Ι	Σ
Ι	Ο	Ρ	Χ	Ή	Σ	Τ	Ρ	Α	Η	Ή	Ω	Μ	Λ
Β	Ψ	Ν	Λ	Ε	Κ	Φ	Ρ	Α	Σ	Τ	Ι	Κ	Ή

ΚΑΛΛΙΤΕΧΝΙΚΉ	ΜΟΥΣΙΚΉ
ΜΠΑΛΑΡΊΝΑ	ΟΡΧΉΣΤΡΑ
ΧΟΡΟΓΡΑΦΊΑ	ΆΣΚΗΣΗ
ΕΠΙΔΕΞΙΌΤΗΤΑ	ΑΚΡΟΑΤΉΡΙΟ
ΣΥΝΘΈΤΗ	ΠΡΌΒΑ
ΧΟΡΕΥΤΕΣ	ΡΥΘΜΟΎ
ΕΚΦΡΑΣΤΙΚΉ	ΣΌΛΟ
ΧΕΙΡΟΝΟΜΊΑ	ΣΤΥΛ
ΈΝΤΑΣΗ	

44 - Fruit

Π Ν Ο Ω Μ Υ Η Β Γ Α Α Τ Σ Ρ
Ο Α Ε Ε Λ Α Ω Γ Κ Β Χ Τ Α Ο
Ρ Ν Π Κ Ι Μ Ή Λ Ο Ο Λ Β Ω Δ
Τ Α Ε Ά Τ Χ Έ Ε Υ Κ Ά Μ Ρ Ά
Ο Ν Έ Ψ Γ Α Μ Ο Ά Ά Δ Β Σ Κ
Κ Ά Ί Τ Μ Ι Ρ Α Β Ν Ι Β Μ Ι
Ά Λ Χ Ε Ά Ψ Α Ί Α Τ Έ Α Π Ν
Λ Ε Μ Ό Ν Ι Τ Ρ Ν Ο Ν Τ Α Ο
Ι Π Ε Σ Γ Ψ Σ Η Δ Ι Π Ό Ν Γ
Η Ρ Ε Σ Κ Ε Ρ Ά Σ Ι Τ Μ Ά Τ
Δ Ρ Ο Π Ο Ι Ω Ε Σ Ύ Κ Ο Ν Τ
Β Β Π Τ Ό Μ Ο Ύ Ρ Ο Λ Υ Α Έ
Ο Β Ο Β Ψ Ν Υ Γ Τ Ι Π Ρ Ο Λ
Β Ί Ω Α Κ Τ Ι Ν Ί Δ Ι Ο Σ Μ

ΑΝΑΝΆ	ΑΚΤΙΝΊΔΙΟ
ΑΒΟΚΆΝΤΟ	ΜΆΝΓΚΟ
ΜΟΎΡΟ	ΠΕΠΌΝΙ
ΜΠΑΝΆΝΑ	ΝΕΚΤΑΡΊΝΙ
ΚΕΡΆΣΙ	ΠΟΡΤΟΚΆΛΙ
ΛΕΜΌΝΙ	ΠΑΠΆΓΙΑ
ΣΎΚΟ	ΡΟΔΆΚΙΝΟ
ΒΑΤΌΜΟΥΡΟ	ΑΧΛΆΔΙ
ΓΚΟΥΆΒΑ	ΜΉΛΟ

45 - Surf

М	П	Ω	Р	Υ	Ρ	Σ	Ε	Κ	Ε	Α	Η	Ω	Ψ
Δ	Α	Κ	Ψ	Μ	Γ	Μ	Ε	Α	Έ	Ρ	Β	Δ	Π
Λ	Ρ	Ε	Ρ	Ω	Μ	Ρ	Μ	Ι	Υ	Χ	Ο	Ί	Ξ
Δ	Α	Α	Φ	Ρ	Ό	Σ	Ν	Ρ	Τ	Ά	Λ	Ά	Έ
Γ	Λ	Ν	Ψ	Λ	Β	Τ	Σ	Ό	Δ	Ρ	Ξ	Κ	Ρ
Χ	Ί	Ό	Β	Ξ	Χ	Υ	Η	Σ	Χ	Ι	Έ	Ρ	Ε
Ο	Α	Σ	Ω	Δ	Π	Λ	Ή	Θ	Η	Ο	Ρ	Ο	Λ
Δ	Ι	Α	Σ	Κ	Έ	Δ	Α	Σ	Η	Σ	Α	Ρ	Σ
Ύ	Σ	Τ	Α	Χ	Ύ	Τ	Η	Τ	Α	Ι	Ρ	Ν	Τ
Ν	Δ	Έ	Ί	Λ	Η	Μ	Ο	Φ	Ι	Λ	Ή	Σ	Ο
Α	Θ	Λ	Η	Τ	Ή	Σ	Α	Ξ	Β	Ρ	Ψ	Ο	Μ
Μ	Π	Ρ	Ω	Τ	Α	Θ	Λ	Η	Τ	Ή	Σ	Β	Ά
Η	Γ	Ο	Λ	Υ	Ω	Δ	Λ	Π	Έ	Ν	Π	Ν	Χ
Κ	Ο	Υ	Π	Ί	Π	Ρ	Α	Ρ	Ρ	Ξ	Ω	Β	Ι

ΔΙΑΣΚΈΔΑΣΗ   ΑΦΡΌΣ

ΑΘΛΗΤΉΣ   ΩΚΕΑΝΌΣ

ΠΡΩΤΑΘΛΗΤΉΣ   ΚΟΥΠΊ

ΑΡΧΆΡΙΟΣ   ΠΑΡΑΛΊΑ

ΣΤΟΜΆΧΙ   ΔΗΜΟΦΙΛΉΣ

ΆΚΡΟ   ΞΈΡΑ

ΔΎΝΑΜΗ   ΣΤΥΛ

ΠΛΉΘΗ   ΚΎΜΑ

ΚΑΙΡΌΣ   ΤΑΧΎΤΗΤΑ

46 - Technologie

Δ	Λ	Π	Ψ	Η	Φ	Ι	Ο	Λ	Έ	Ξ	Ε	Ι	Σ
Γ	Ε	Ο	Ε	Σ	Η	Ω	Χ	Ο	Ι	Ω	Τ	Γ	Σ
Τ	Γ	Δ	Γ	Ρ	Η	Σ	Α	Ψ	Σ	Ο	Λ	Μ	Τ
Ξ	Ξ	Ι	Ο	Ι	Ι	Α	Σ	Φ	Ά	Λ	Ε	Ι	Α
Δ	Ρ	Μ	Έ	Μ	Σ	Ή	Έ	Ε	Λ	Δ	Ο	Β	Τ
Ι	Δ	Ο	Ρ	Ρ	Έ	Μ	Γ	Ι	Δ	Χ	Θ	Π	Ι
Α	Ρ	Χ	Ε	Ί	Ο	Ν	Ι	Η	Α	Χ	Ό	Ε	Σ
Δ	Ο	Α	Υ	Λ	Χ	Μ	Α	Κ	Σ	Ψ	Ν	Μ	Τ
Ί	Μ	Ή	Ν	Υ	Μ	Α	Α	Ί	Ό	Η	Η	Η	Ι
Κ	Ε	Μ	Α	Ο	Δ	Ο	Δ	Τ	Ν	Φ	Σ	Ε	Κ
Τ	Α	Β	Λ	Υ	Π	Ο	Λ	Ο	Γ	Ι	Σ	Τ	Ή
Υ	Σ	Ε	Ι	Κ	Ο	Ν	Ι	Κ	Ή	Α	Ι	Ό	Σ
Ο	Ι	Σ	Τ	Ο	Λ	Ό	Γ	Ι	Ο	Κ	Τ	Ο	Έ
Α	Ν	Ξ	Χ	Λ	Σ	Σ	Τ	Γ	Ί	Ή	Ο	Ε	Ρ

ΙΣΤΟΛΌΓΙΟ	ΨΗΦΙΑΚΉ
ΔΡΟΜΕΑΣ	ΨΗΦΙΟΛΈΞΕΙΣ
ΔΕΔΟΜΈΝΑ	ΥΠΟΛΟΓΙΣΤΉ
ΟΘΌΝΗ	ΈΡΕΥΝΑ
ΑΡΧΕΊΟ	ΑΣΦΆΛΕΙΑ
ΔΙΑΔΊΚΤΥΟ	ΣΤΑΤΙΣΤΙΚΉ
ΛΟΓΙΣΜΙΚΌ	ΕΙΚΟΝΙΚΉ
ΜΉΝΥΜΑ	ΙΌΣ
ΠΕΡΙΉΓΗΣΗΣ	

47 - Comédie

```
Λ  Ω  Ν  Υ  Χ  Ο  Σ  Γ  Ψ  Ψ  Α  Γ  Λ  Χ
Ρ  Γ  Π  Ϊ  Ε  Τ  Μ  Η  Έ  Ω  Κ  Γ  Ε  Ι
Ο  Β  Π  Α  Ι  Ι  Χ  Σ  Ο  Ψ  Ρ  Π  Κ  Ο
Έ  Λ  Ω  Π  Ρ  Α  Ο  Δ  Ε  Γ  Ο  Γ  Φ  Ύ
Υ  Β  Ξ  Ι  Ο  Ω  Η  Π  Έ  Ψ  Α  Έ  Ρ  Μ
Δ  Ι  Α  Σ  Κ  Έ  Δ  Α  Σ  Η  Τ  Λ  Α  Ο
Η  Ι  Ω  Α  Ρ  Φ  Θ  Ϊ  Ρ  Θ  Ή  Ι  Σ  Ρ
Ε  Ε  Μ  Τ  Ό  Ο  Έ  Μ  Α  Ο  Ρ  Ο  Τ  Ο
Κ  Α  Σ  Ν  Τ  Ρ  Α  Ε  Σ  Π  Ι  Ί  Ι  Μ
Ε  Λ  Ξ  Β  Η  Έ  Τ  Ξ  Τ  Ο  Ο  Ϊ  Κ  Μ
Α  Ϊ  Ό  Τ  Μ  Α  Ρ  Υ  Ε  Ι  Ψ  Δ  Ή  Π
Β  Ι  Δ  Ο  Α  Σ  Ο  Μ  Ϊ  Ό  Ω  Γ  Λ  Ξ
Μ  Υ  Ι  Ο  Υ  Υ  Μ  Ν  Α  Σ  Δ  Λ  Ι  Ν
Ν  Μ  Μ  Ρ  Σ  Ν  Τ  Ω  Α  Σ  Τ  Ε  Ί  Ο
```

ΦΟΡΈΑΣ	ΕΚΦΡΑΣΤΙΚΉ
ΗΘΟΠΟΙΌΣ	ΕΊΔΟΣ
ΔΙΑΣΚΈΔΑΣΗ	ΧΙΟΎΜΟΡ
ΧΕΙΡΟΚΡΌΤΗΜΑ	ΠΑΡΩΔΊΑ
ΑΣΤΕΊΑ	ΑΚΡΟΑΤΉΡΙΟ
ΚΛΌΟΥΝ	ΓΈΛΙΟ
ΑΣΤΕΊΟ	ΘΈΑΤΡΟ

48 - Météo

Χ	Ο	Υ	Ρ	Ά	Ν	Ι	Ο	Τ	Ό	Ξ	Ο	Λ	Έ
Ι	Ο	Μ	Ί	Χ	Λ	Η	Τ	Ρ	Ο	Π	Ι	Κ	Ή
Ο	Ι	Ο	Σ	Σ	Α	Β	Α	Ε	Ρ	Ά	Κ	Ι	Ο
Υ	Η	Υ	Ε	Δ	Β	Θ	Ρ	Ξ	Ω	Γ	Λ	Β	Υ
Ρ	Σ	Σ	Ύ	Ν	Ν	Ε	Φ	Ο	Ι	Ο	Ί	Ω	Ρ
Ι	Ξ	Ώ	Ρ	Ί	Ι	Ρ	Ρ	Ε	Ν	Σ	Μ	Π	Α
Κ	Π	Ν	Ρ	Ω	Π	Μ	Ί	Γ	Υ	Τ	Α	Λ	Ν
Α	Π	Α	Ε	Ί	Ο	Ο	Η	Τ	Ν	Δ	Ή	Η	Ό
Ν	Δ	Σ	Η	Μ	Τ	Κ	Λ	Ρ	Υ	Ί	Τ	Μ	Σ
Α	Ξ	Η	Ρ	Ό	Χ	Ρ	Σ	Ι	Ε	Α	Γ	Μ	Τ
Σ	Ι	Ψ	Γ	Ί	Ν	Α	Ξ	Ε	Κ	Μ	Ε	Ύ	Π
Γ	Η	Ξ	Η	Ρ	Α	Σ	Ί	Α	Σ	Ή	Ί	Ρ	Ν
Ά	Ν	Ε	Μ	Ο	Σ	Ί	Ο	Γ	Α	Ε	Λ	Α	Ι
Ψ	Α	Α	Η	Ί	Κ	Α	Τ	Α	Ι	Γ	Ί	Δ	Α

ΟΥΡΆΝΙΟ ΤΌΞΟ	ΧΙΟΥΡΙΚΑΝΑΣ
ΑΕΡΆΚΙ	ΠΟΛΙΚΉ
ΟΜΊΧΛΗ	ΞΗΡΌ
ΗΡΕΜΊΑ	ΞΗΡΑΣΊΑ
ΟΥΡΑΝΌΣ	ΘΕΡΜΟΚΡΑΣΊΑ
ΚΛΊΜΑ	ΚΑΤΑΙΓΊΔΑ
ΠΆΓΟΣ	ΒΡΟΝΤΉ
ΠΛΗΜΜΎΡΑ	ΤΡΟΠΙΚΉ
ΜΟΥΣΏΝΑΣ	ΆΝΕΜΟΣ
ΣΎΝΝΕΦΟ	

49 - Châteaux

Υ Γ Ρ Μ Σ Α Σ Τ Ν Σ Β Λ Ε Π
Π Α Λ Ά Τ Ι Ρ Π Ά Λ Ο Γ Ο Ρ
Υ Ω Α Α Έ Μ Τ Α Α Φ Τ Π Χ Ι
Μ Μ Έ Λ Μ Γ Έ Ν Β Θ Ρ Ω Ε Γ
Λ Ο Δ Ν Μ Τ Δ Ο Α Η Ί Ο Α Κ
Σ Μ Τ Η Α Ξ Ω Π Σ Β Λ Ί Σ Ί
Φ Ρ Ο Ύ Ρ Ι Ο Λ Ί Γ Έ Σ Π Π
Τ Ο Ί Χ Ο Σ Γ Ί Λ Ο Ρ Α Ί Ι
Ε Υ Γ Ε Ν Ή Σ Α Ε Η Α Τ Δ Σ
Φ Ε Ο Υ Δ Α Ρ Χ Ι Κ Ή Ί Α Σ
Α Υ Τ Ο Κ Ρ Α Τ Ο Ρ Ί Α Γ Α
Π Ρ Ί Γ Κ Ι Π Α Σ Ο Σ Λ Η Γ
Δ Ρ Ά Κ Ο Σ Ι Π Π Ό Τ Η Σ Ο
Κ Α Τ Α Π Έ Λ Τ Η Σ Ί Η Ε Χ

ΠΑΝΟΠΛΊΑ	ΦΕΟΥΔΑΡΧΙΚΉ
ΑΣΠΊΔΑ	ΦΡΟΎΡΙΟ
ΚΑΤΑΠΈΛΤΗΣ	ΤΆΦΡΟΣ
ΆΛΟΓΟ	ΤΟΊΧΟΣ
ΙΠΠΌΤΗΣ	ΕΥΓΕΝΉΣ
ΣΤΈΜΜΑ	ΠΑΛΆΤΙ
ΔΡΆΚΟΣ	ΠΡΊΓΚΙΠΑΣ
ΑΥΤΟΚΡΑΤΟΡΊΑ	ΠΡΙΓΚΊΠΙΣΣΑ
ΣΠΑΘΊ	ΒΑΣΊΛΕΙΟ

50 - Randonnée

Β	Υ	Φ	Κ	Ο	Ρ	Υ	Φ	Ή	Η	Ί	Π	Κ	Τ
Ο	Ψ	Ύ	Β	Δ	Ο	Χ	Ρ	Β	Π	Ί	Ο	Λ	Μ
Υ	Δ	Σ	Π	Ο	Γ	Π	Α	Ρ	Λ	Ι	Τ	Ί	Ν
Ν	Μ	Η	Λ	Ο	Μ	Έ	Ο	Ω	Μ	Υ	Γ	Μ	Ο
Ό	Η	Α	Γ	Ο	Χ	Τ	Ι	Ι	Ξ	Ψ	Χ	Α	Π
Π	Β	Ε	Κ	Ο	Υ	Ρ	Α	Σ	Μ	Έ	Ν	Ο	Σ
Σ	Γ	Β	Υ	Δ	Ί	Α	Β	Ζ	Ώ	Α	Υ	Κ	Κ
Κ	Ο	Υ	Ν	Ο	Ύ	Π	Ι	Α	Γ	Ξ	Ω	Ά	Α
Ή	Λ	Ι	Ο	Σ	Ν	Γ	Π	Ά	Ρ	Κ	Α	Μ	Ι
Ά	Γ	Ρ	Ι	Ο	Ξ	Ε	Έ	Έ	Ω	Ι	Χ	Π	Ρ
Ί	Δ	Ί	Ί	Υ	Λ	Α	Ρ	Π	Η	Ψ	Ά	Ι	Ό
Ξ	Τ	Β	Ρ	Ά	Χ	Ο	Έ	Ό	Α	Α	Ρ	Ν	Σ
Ο	Έ	Π	Α	Ρ	Α	Σ	Κ	Ε	Υ	Ή	Τ	Γ	Ρ
Μ	Π	Ό	Τ	Ε	Σ	Ψ	Π	Ν	Λ	Δ	Η	Κ	Σ

ΖΏΑ	ΚΑΙΡΌΣ
ΜΠΌΤΕΣ	ΒΟΥΝΌ
ΚΆΜΠΙΝΓΚ	ΚΟΥΝΟΎΠΙΑ
ΧΆΡΤΗ	ΦΎΣΗ
ΚΛΊΜΑ	ΠΆΡΚΑ
ΝΕΡΌ	ΠΈΤΡΑ
ΒΡΆΧΟ	ΠΑΡΑΣΚΕΥΉ
ΚΟΥΡΑΣΜΈΝΟΣ	ΆΓΡΙΟ
ΟΔΗΓΟΊ	ΉΛΙΟΣ
ΒΑΡΙΆ	ΚΟΡΥΦΉ

51 - Meubles

Μ	Π	Ο	Λ	Υ	Θ	Ρ	Ό	Ν	Α	Κ	Β	Κ	Κ
Β	Α	Φ	Ο	Υ	Τ	Ό	Ν	Ν	Η	Ο	Ι	Α	Α
Τ	Ω	Ξ	Έ	Ο	Ε	Ί	Χ	Ί	Ν	Μ	Β	Ν	Θ
Ω	Χ	Ξ	Ι	Ε	Μ	Ρ	Έ	Ε	Έ	Μ	Λ	Α	Ρ
Ν	Ε	Χ	Γ	Λ	Ά	Μ	Π	Α	Υ	Ό	Ι	Π	Ε
Ψ	Γ	Ο	Χ	Έ	Ά	Γ	Χ	Ψ	Ε	Κ	Ο	Έ	Φ
Ε	Ι	Κ	Κ	Ο	Υ	Ρ	Τ	Ί	Ν	Α	Θ	Ί	Τ
Σ	Τ	Ρ	Ώ	Μ	Α	Α	Ι	Π	Ν	Ρ	Ή	Γ	Η
Α	Έ	Ε	Ξ	Ρ	Ά	Φ	Ι	Α	Ι	Έ	Κ	Α	Σ
Ι	Έ	Β	Μ	Ω	Ξ	Ε	Η	Γ	Ε	Κ	Η	Ω	Μ
Ώ	Η	Ά	Χ	Ι	Ί	Ί	Σ	Κ	Λ	Λ	Ο	Ί	Τ
Ρ	Α	Τ	Σ	Λ	Ρ	Ο	Έ	Ά	Ρ	Α	Χ	Γ	Σ
Α	Ο	Ι	Υ	Λ	Β	Ω	Β	Κ	Χ	Α	Λ	Ί	Β
Ι	Μ	Α	Ξ	Ι	Λ	Ά	Ρ	Ι	Ί	Ί	Ι	Γ	Λ	Ε

ΠΑΓΚΆΚΙ   ΦΟΥΤΌΝ
ΒΙΒΛΙΟΘΉΚΗ   ΑΙΏΡΑ
ΓΡΑΦΕΊΟ   ΛΆΜΠΑ
ΚΑΝΑΠΈ   ΚΡΕΒΆΤΙ
ΚΑΡΈΚΛΑ   ΣΤΡΏΜΑ
ΚΟΜΜΌ   ΚΑΘΡΕΦΤΗΣ
ΜΑΞΙΛΆΡΙΑ   ΜΑΞΙΛΆΡΙ
ΡΆΦΙΑ   ΚΟΥΡΤΊΝΑ
ΠΟΛΥΘΡΌΝΑ   ΧΑΛΊ

52 - Art

Ε	Ρ	Σ	Κ	Σ	Ύ	Ν	Θ	Ε	Σ	Η	Σ	Ν	Σ
Ζ	Μ	Μ	Τ	Ε	Ο	Π	Τ	Ι	Κ	Ή	Ύ	Δ	Ύ
Ω	Δ	Π	Γ	Ξ	Ρ	Ψ	Λ	Β	Μ	Π	Μ	Ι	Ν
Γ	Έ	Ρ	Ν	Έ	Α	Α	Π	Λ	Ό	Σ	Β	Ά	Θ
Ρ	Υ	Ο	Έ	Ε	Ν	Ρ	Μ	Μ	Γ	Γ	Ο	Θ	Ε
Α	Ι	Σ	Δ	Ε	Υ	Ο	Χ	Ι	Ι	Τ	Λ	Ε	Τ
Φ	Π	Ω	Ξ	Ψ	Έ	Σ	Π	Ι	Κ	Η	Ο	Σ	Η
Ι	Δ	Π	Ε	Ψ	Ω	Η	Μ	Θ	Κ	Ή	Π	Η	Ξ
Κ	Ρ	Ι	Ί	Υ	Π	Ο	Ί	Έ	Β	Ή	Ο	Η	Τ
Ή	Υ	Κ	Μ	Σ	Τ	Ε	Λ	Μ	Ν	Τ	Ί	Υ	Α
Λ	Ί	Ό	Ξ	Έ	Κ	Φ	Ρ	Α	Σ	Η	Η	Υ	Ρ
Δ	Η	Μ	Ι	Ο	Υ	Ρ	Γ	Ώ	Ω	Δ	Σ	Δ	Τ
Γ	Λ	Υ	Π	Τ	Ι	Κ	Ή	Ρ	Μ	Ι	Η	Ρ	Υ
Σ	Ο	Υ	Ρ	Ε	Α	Λ	Ι	Σ	Μ	Ό	Σ	Β	Γ

ΚΕΡΑΜΙΚΉ	ΠΡΟΣΩΠΙΚΌ
ΣΎΝΘΕΤΗ	ΠΟΊΗΣΗ
ΣΎΝΘΕΣΗ	ΓΛΥΠΤΙΚΉ
ΔΗΜΙΟΥΡΓΏ	ΑΠΛΌΣ
ΈΚΦΡΑΣΗ	ΘΈΜΑ
ΔΙΆΘΕΣΗ	ΣΟΥΡΕΑΛΙΣΜΌΣ
ΕΜΠΝΕΥΣΜΈΝΗ	ΣΎΜΒΟΛΟ
ΑΡΧΙΚΉ	ΟΠΤΙΚΉ
ΖΩΓΡΑΦΙΚΉ	

53 - Nutrition

Ι	Δ	Ο	Α	Σ	Μ	Υ	Λ	Β	Α	Η	Λ	Τ	Υ
Π	Σ	Ξ	Ί	Ζ	Υ	Γ	Ί	Ζ	Ω	Ε	Γ	Ο	Γ
Ο	Υ	Ο	Β	Ί	Ρ	Σ	Μ	Ξ	Χ	Ι	Ψ	Ξ	Ε
Ι	Γ	Γ	Ρ	Δ	Ι	Α	Τ	Ρ	Ο	Φ	Ή	Ί	Ί
Ό	Ι	Ε	Ώ	Ρ	Π	Β	Η	Α	Ι	Π	Ί	Ν	Α
Τ	Ή	Ύ	Σ	Χ	Ο	Ρ	Ο	Β	Τ	Σ	Ι	Η	Π
Η	Ο	Σ	Ι	Έ	Ί	Π	Ω	Μ	Έ	Ι	Ξ	Β	Έ
Τ	Δ	Η	Μ	Β	Τ	Ρ	Η	Τ	Ω	Ί	Κ	Ψ	Ψ
Α	Ι	Υ	Α	Γ	Ω	Β	Ρ	Μ	Ε	Τ	Π	Ά	Η
Ζ	Ύ	Μ	Ω	Σ	Η	Δ	Ε	Γ	Έ	Ϊ	Π	Υ	Ξ
Μ	Π	Α	Χ	Α	Ρ	Ι	Κ	Ό	Α	Ν	Ν	Η	Ξ
Σ	Ά	Λ	Τ	Σ	Α	Ε	Ό	Ρ	Ε	Ξ	Η	Ε	Ρ
Β	Ι	Λ	Υ	Σ	Έ	Θ	Ε	Ρ	Μ	Ι	Δ	Ε	Σ
Σ	Ψ	Ξ	Ρ	Α	Π	Ι	Κ	Ρ	Ή	Υ	Γ	Ρ	Ά

ΠΙΚΡΉ	ΥΓΡΆ
ΌΡΕΞΗ	ΖΥΓΊΖΩ
ΘΕΡΜΙΔΕΣ	ΠΡΩΤΕΪΝΕΣ
ΒΡΏΣΙΜΑ	ΠΟΙΌΤΗΤΑ
ΔΙΑΤΡΟΦΉ	ΥΓΊΗ
ΠΈΨΗ	ΥΓΕΊΑ
ΜΠΑΧΑΡΙΚΌ	ΣΆΛΤΣΑ
ΙΣΟΡΡΟΠΗΜΈΝΗ	ΓΕΎΣΗ
ΖΎΜΩΣΗ	ΤΟΞΊΝΗ
ΣΥΣΤΑΤΙΚΆ	

54 - Science Fiction

Μ	Υ	Σ	Τ	Η	Ρ	Ι	Ώ	Δ	Η	Σ	Φ	Ψ	Κ
Ξ	Λ	Ρ	Μ	Α	Ν	Τ	Ε	Ί	Ο	Φ	Ο	Ε	Ό
Δ	Ξ	Ε	Έ	Α	Ά	Η	Γ	Π	Ι	Α	Υ	Υ	Σ
Ρ	Π	Α	Σ	Έ	Κ	Ρ	Η	Ξ	Η	Ν	Τ	Δ	Μ
Ο	Β	Λ	Γ	Σ	Ρ	Ρ	Υ	Ξ	Ε	Τ	Ο	Α	Ο
Μ	Ι	Ι	Α	Ε	Ο	Λ	Ι	Έ	Μ	Α	Υ	Ί	Ρ
Π	Β	Σ	Λ	Ν	Β	Φ	Τ	Ν	Ω	Σ	Ρ	Σ	Ο
Ό	Λ	Τ	Α	Ά	Ή	Ω	Τ	Δ	Ό	Τ	Ι	Θ	Α
Τ	Ι	Ι	Ξ	Ρ	Ί	Τ	Δ	Τ	Τ	Ι	Σ	Η	Τ
Α	Α	Κ	Ί	Ι	Ο	Ι	Η	Λ	Σ	Κ	Τ	Σ	Ο
Π	Μ	Ή	Α	Ο	Λ	Ά	Π	Σ	Ε	Ό	Ι	Η	Μ
Υ	Ν	Ί	Σ	Ο	Υ	Τ	Ο	Π	Ί	Α	Κ	Ν	Ι
Τ	Ε	Χ	Ν	Ο	Λ	Ο	Γ	Ί	Α	Λ	Ό	Τ	Κ
Δ	Υ	Σ	Τ	Ο	Π	Ί	Α	Π	Ο	Δ	Γ	Ψ	Ό

ΑΤΟΜΙΚΌ	ΜΑΚΡΙΝΌ
ΔΥΣΤΟΠΊΑ	ΚΌΣΜΟ
ΈΚΡΗΞΗ	ΜΥΣΤΗΡΙΏΔΗΣ
ΆΚΡΟ	ΜΑΝΤΕΊΟ
ΦΩΤΙΆ	ΠΛΑΝΉΤΗΣ
ΦΟΥΤΟΥΡΙΣΤΙΚΌ	ΡΕΑΛΙΣΤΙΚΉ
ΓΑΛΑΞΊΑΣ	ΡΟΜΠΌΤ
ΨΕΥΔΑΊΣΘΗΣΗ	ΣΕΝΆΡΙΟ
ΦΑΝΤΑΣΤΙΚΌ	ΤΕΧΝΟΛΟΓΊΑ
ΒΙΒΛΙΑ	ΟΥΤΟΠΊΑ

55 - Vertus #1

Χ Σ Ξ Ι Ι Π Ε Ρ Ί Ε Ρ Γ Ο Σ
Υ Υ Β Δ Λ Π Δ Δ Λ Π Υ Ε Ρ Τ
Ί Α Ν Ε Ξ Ά Ρ Τ Η Τ Η Η Η Γ
Λ Β Δ Ξ Μ Έ Ξ Α Σ Τ Ε Ί Ο Ε
Γ Ο Η Τ Ε Υ Τ Ι Κ Ό Χ Γ Σ Ν
Χ Ι Η Π Ξ Β Ν Μ Λ Τ Η Ν Ο Ν
Ρ Ε Έ Π Σ Β Δ Β Έ Ί Ι Ξ Ν Α
Ή Α Π Ο Φ Α Σ Ι Σ Τ Ι Κ Ή Ι
Σ Κ Ι Χ Ω Β Ο Υ Β Ξ Ρ Μ Ή Ό
Ι Α Α Ξ Ξ Έ Φ Ξ Ε Ψ Ί Ι Ψ Δ
Μ Λ Γ Θ Ν Η Ό Ρ Σ Ξ Ι Ο Ο Ω
Η Ή Ψ Δ Α Τ Σ Λ Π Μ Ι Τ Ψ Ρ
Ρ Έ Ο Η Έ Ρ Σ Ω Ε Ε Ι Ε Ψ Η
Β Μ Χ Α Ξ Ι Ό Π Ι Σ Τ Ο Ν Υ

ΚΑΛΉ	ΑΝΕΞΆΡΤΗΤΗ
ΓΟΗΤΕΥΤΙΚΌ	ΜΈΤΡΙΟ
ΠΕΡΊΕΡΓΟΣ	ΠΡΑΚΤΙΚΉ
ΑΠΟΦΑΣΙΣΤΙΚΉ	ΚΑΘΑΡΌ
ΑΣΤΕΊΟ	ΣΟΦΌΣ
ΑΞΙΌΠΙΣΤΟ	ΧΡΉΣΙΜΗ
ΓΕΝΝΑΙΌΔΩΡΗ	

56 - Professions #1

Χ	Χ	Κ	Έ	Έ	Ψ	Η	Ε	Γ	Τ	Κ	Ε	Π	Δ
Ο	Ε	Α	Ψ	Τ	Υ	Π	Π	Β	Ρ	Υ	Μ	Ι	Ι
Ρ	Π	Λ	Ί	Π	Χ	Ρ	Ι	Υ	Α	Ν	Ξ	Α	Δ
Ε	Ε	Λ	Ω	Υ	Ο	Ο	Σ	Σ	Π	Η	Σ	Ν	Ά
Υ	Ξ	Ι	Π	Ρ	Λ	Π	Τ	Α	Ε	Γ	Υ	Ί	Κ
Τ	Ε	Τ	Ρ	Ο	Ό	Ο	Ή	Γ	Ζ	Ό	Δ	Σ	Τ
Ή	Ρ	Έ	Έ	Σ	Γ	Ν	Μ	Ε	Ί	Σ	Ρ	Τ	Ω
Σ	Γ	Χ	Σ	Β	Ο	Η	Ο	Ω	Τ	Γ	Α	Α	Ρ
Γ	Α	Ν	Β	Έ	Σ	Τ	Ν	Λ	Η	Η	Υ	Σ	Ω
Ο	Σ	Η	Η	Σ	Ψ	Ή	Α	Ό	Σ	Η	Λ	Ν	Δ
Υ	Ί	Σ	Σ	Τ	Α	Σ	Σ	Γ	Γ	Ω	Ι	Ν	Τ
Χ	Α	Π	Σ	Η	Μ	Μ	Ν	Ο	Ί	Έ	Κ	Π	Η
Ρ	Τ	Έ	Ί	Σ	Μ	Ο	Υ	Σ	Ι	Κ	Ό	Σ	Λ
Ψ	Ί	Ρ	Ν	Ο	Σ	Ο	Κ	Ό	Μ	Α	Σ	Β	Δ

ΠΡΈΣΒΗΣ	ΝΟΣΟΚΌΜΑ
ΚΑΛΛΙΤΈΧΝΗΣ	ΔΙΔΆΚΤΩΡ
ΤΡΑΠΕΖΊΤΗΣ	ΜΟΥΣΙΚΌΣ
ΚΥΝΗΓΌΣ	ΠΙΑΝΊΣΤΑΣ
ΧΟΡΕΥΤΉΣ	ΥΔΡΑΥΛΙΚΌΣ
ΠΡΟΠΟΝΗΤΉΣ	ΠΥΡΟΣΒΈΣΤΗΣ
ΕΠΕΞΕΡΓΑΣΊΑ	ΨΥΧΟΛΌΓΟΣ
ΓΕΩΛΌΓΟΣ	ΕΠΙΣΤΉΜΟΝΑΣ

57 - Géologie

Η	Ι	Π	Β	Υ	Α	Ρ	Ρ	Ο	Ω	Η	Ι	Σ	Ε
Ο	Έ	Λ	Ί	Υ	Ε	Ω	Ψ	Ρ	Ξ	Δ	Ι	Τ	Κ
Ή	Α	Υ	Ά	Ψ	Χ	Ν	Ν	Υ	Α	Ύ	Έ	Α	Ο
Κ	Π	Υ	Ξ	Β	Β	Λ	Υ	Κ	Δ	Σ	Τ	Λ	Ρ
Ρ	Ο	Ε	Ψ	Τ	Α	Λ	Ά	Τ	Ι	Τ	Η	Α	Ά
Ύ	Λ	Χ	Ι	Β	Έ	Ο	Ξ	Ά	Ά	Α	Φ	Γ	Λ
Σ	Ί	Σ	Τ	Ρ	Ώ	Μ	Α	Ι	Β	Λ	Α	Μ	Λ
Τ	Θ	Π	Α	Ω	Ο	Π	Έ	Τ	Ρ	Α	Ί	Ι	Ι
Α	Ω	Ή	Μ	Σ	Δ	Σ	Ω	Σ	Ω	Κ	Σ	Τ	Ζ
Λ	Μ	Λ	Ι	Ω	Μ	Έ	Ν	Ο	Σ	Τ	Τ	Ε	Ώ
Λ	Α	Α	Υ	Ψ	Έ	Λ	Ε	Δ	Η	Ί	Ε	Σ	Ν
Α	Ν	Ι	Β	Ί	Α	Μ	Ω	Η	Η	Τ	Ι	Ρ	Η
Χ	Ν	Ο	Ρ	Ο	Π	Έ	Δ	Ι	Ο	Η	Ο	Ψ	Ν
Χ	Α	Λ	Α	Ζ	Ί	Α	Σ	Β	Έ	Σ	Τ	Ι	Ο

ΟΞΎ	ΛΆΒΑ
ΑΣΒΈΣΤΙΟ	ΟΡΥΚΤΆ
ΣΠΉΛΑΙΟ	ΠΈΤΡΑ
ΉΠΕΙΡΟΣ	ΟΡΟΠΈΔΙΟ
ΚΟΡΆΛΛΙ	ΧΑΛΑΖΊΑ
ΣΤΡΏΜΑ	ΑΛΆΤΙ
ΚΡΎΣΤΑΛΛΑ	ΣΤΑΛΑΚΤΊΤΗΣ
ΔΙΆΒΡΩΣΗ	ΣΤΑΛΑΓΜΙΤΕΣ
ΛΙΩΜΈΝΟ	ΗΦΑΊΣΤΕΙΟ
ΑΠΟΛΊΘΩΜΑ	ΖΏΝΗ

58 - Cirque

M	Ξ	Z	H	Ί	T	X	K	Ω	M	E	Y	K	I
Γ	Π	Ώ	Ξ	M	Ί	Έ	A	Ω	A	I	N	Λ	Λ
Ξ	Ψ	A	Π	P	A	Ξ	P	H	Γ	X	Λ	Ό	E
P	Y	Ω	Λ	A	Ξ	Ϊ	A	X	E	N	P	O	E
B	Ψ	E	Ψ	Ό	E	Ψ	M	Ξ	Ί	Ω	A	Y	Σ
K	Ό	Λ	Π	O	N	Ψ	Έ	O	A	Λ	K	N	K
O	Z	Έ	T	Σ	M	I	Λ	Δ	Ύ	I	P	Θ	H
Σ	O	Φ	Ί	Γ	O	Ά	A	P	N	O	O	E	N
T	Γ	A	Γ	I	Y	E	Γ	P	Σ	N	B	A	Ή
O	K	N	P	P	Σ	Έ	Π	O	Δ	T	Ά	T	Ω
Ύ	Λ	T	H	Δ	I	I	Σ	Ξ	Σ	Ά	T	Ή	Ί
M	Έ	A	Y	T	K	B	H	I	Y	P	H	Σ	Γ
I	P	Σ	Ψ	X	Ή	Σ	Π	Δ	N	I	Σ	A	Σ
A	O	N	Γ	X	Π	A	P	Έ	Λ	A	Σ	H	E

ΑΚΡΟΒΆΤΗΣ	ΛΙΟΝΤΆΡΙ
ΖΏΑ	ΜΆΓΟΣ
ΚΌΛΠΟ	ΜΑΓΕΊΑ
ΜΠΑΛΌΝΙΑ	ΜΟΥΣΙΚΉ
ΚΑΡΑΜΈΛΑ	ΠΑΡΈΛΑΣΗ
ΚΛΌΟΥΝ	ΜΑΪΜΟΎ
ΚΟΣΤΟΎΜΙ	ΘΕΑΤΉΣ
ΕΛΈΦΑΝΤΑΣ	ΣΚΗΝΉ
ΖΟΓΚΛΈΡ	ΤΊΓΡΗ

59 - Jardin

Γ	Σ	Ω	Λ	Ή	Ν	Α	Ι	Ώ	Ρ	Α	Α	Τ	Π
Κ	Ί	Τ	Ο	Β	Β	Ε	Ρ	Ά	Ν	Τ	Α	Ρ	Α
Α	Ι	Π	Υ	Ρ	Ι	Υ	Ν	Ξ	Η	Ο	Ι	Α	Γ
Ζ	Έ	Χ	Λ	Λ	Ί	Μ	Ν	Η	Λ	Χ	Χ	Μ	Κ
Ό	Σ	Λ	Ο	Φ	Ρ	Α	Κ	Τ	Η	Σ	Ζ	Π	Ά
Ν	Π	Π	Ύ	Ί	Τ	Κ	Α	Σ	Η	Δ	Ι	Ο	Κ
Ε	Ί	Δ	Δ	Ρ	Σ	Υ	Ή	Β	Τ	Ρ	Ζ	Λ	Ι
Γ	Ξ	Γ	Ι	Ι	Ψ	Ω	Ά	Π	Υ	Λ	Ά	Ί	Ξ
Π	Ε	Ρ	Ι	Β	Ό	Λ	Ι	Ρ	Ο	Ψ	Ν	Ν	Δ
Γ	Κ	Α	Ρ	Ά	Ζ	Υ	Μ	Ε	Ι	Σ	Ι	Ο	Έ
Λ	Τ	Σ	Ο	Υ	Γ	Κ	Ρ	Ά	Ν	Α	Α	Η	Ν
Ι	Ξ	Ί	Α	Μ	Π	Έ	Λ	Ι	Π	Ρ	Ο	Ί	Τ
Μ	Ε	Δ	Ν	Ά	Α	Ρ	Υ	Ρ	Π	Λ	Α	Ρ	Ρ
Α	Υ	Ι	Τ	Ξ	Π	Λ	Τ	Α	Ε	Ν	Ξ	Ι	Ο

ΔΈΝΤΡΟ	ΖΙΖΆΝΙΑ
ΠΑΓΚΆΚΙ	ΦΤΥΆΡΙ
ΦΡΑΚΤΗΣ	ΓΚΑΖΌΝ
ΛΊΜΝΗ	ΤΣΟΥΓΚΡΆΝΑ
ΛΟΥΛΟΎΔΙ	ΒΕΡΆΝΤΑ
ΓΚΑΡΆΖ	ΤΡΑΜΠΟΛΊΝΟ
ΑΙΏΡΑ	ΣΩΛΉΝΑ
ΓΡΑΣΊΔΙ	ΠΕΡΙΒΌΛΙ
ΚΉΠΟΣ	ΑΜΠΈΛΙ

60 - Barbecues

```
Λ  Α  Χ  Α  Ν  Ι  Κ  Ά  Ζ  Π  Ψ  Η  Ξ  Ψ
Γ  Ξ  Σ  Ε  Λ  Χ  Ω  Σ  Ε  Α  Ε  Β  Μ  Σ
Ε  Δ  Ε  Ί  Π  Ν  Ο  Ά  Σ  Ι  Β  Ί  Χ  Γ
Ύ  Η  Ν  Ψ  Α  Μ  Ι  Λ  Τ  Δ  Π  Ο  Ν  Β
Μ  Κ  Τ  Σ  Ι  Η  Κ  Τ  Ό  Ί  Ρ  Ψ  Ω  Α
Α  Α  Ο  Η  Χ  Μ  Ο  Σ  Χ  Ά  Ρ  Α  Π  Κ
Μ  Λ  Μ  Τ  Ν  Σ  Γ  Α  Ρ  Χ  Έ  Σ  Ρ  Ο
Α  Ο  Ά  Α  Ί  Α  Έ  Π  Ι  Π  Έ  Ρ  Ι  Τ
Χ  Κ  Τ  Τ  Δ  Λ  Ν  Φ  Α  Ο  Ω  Ί  Σ  Ό
Α  Α  Α  Ί  Ι  Ά  Ε  Ν  Ρ  Π  Ί  Χ  Α  Π
Ί  Ί  Ε  Π  Α  Τ  Ι  Ψ  Η  Ο  Ω  Ν  Ω  Ο
Ρ  Ρ  Σ  Α  Ί  Α  Α  Χ  Τ  Σ  Ύ  Η  Ε  Υ
Ι  Ι  Μ  Ο  Υ  Σ  Ι  Κ  Ή  Η  Υ  Τ  Γ  Λ
Α  Κ  Ρ  Ε  Μ  Μ  Ύ  Δ  Ι  Α  Ί  Μ  Ο  Ο
```

ΖΕΣΤΌ	ΠΑΙΧΝΊΔΙΑ
ΜΑΧΑΊΡΙΑ	ΛΑΧΑΝΙΚΆ
ΓΕΎΜΑ	ΜΟΥΣΙΚΉ
ΔΕΊΠΝΟ	ΚΡΕΜΜΎΔΙΑ
ΠΑΙΔΊ	ΠΙΠΈΡΙ
ΚΑΛΟΚΑΊΡΙ	ΚΟΤΌΠΟΥΛΟ
ΠΕΊΝΑ	ΣΑΛΆΤΑ
ΟΙΚΟΓΈΝΕΙΑ	ΣΆΛΤΣΑ
ΦΡΟΎΤΟ	ΑΛΆΤΙ
ΣΧΆΡΑ	ΝΤΟΜΆΤΑ

61 - Anniversaire

Σ	Α	Γ	Ι	Ε	Ρ	Ι	Λ	Ο	Ί	Β	Ε	Τ	Ξ
Α	Ο	Λ	Η	Γ	Ε	Έ	Δ	Ω	Η	Γ	Υ	Ρ	Ε
Ί	Τ	Φ	Χ	Σ	Κ	Φ	Ί	Λ	Ο	Ι	Τ	Α	Μ
Ω	Χ	Ψ	Ί	Μ	Έ	Ρ	Α	Χ	Η	Ο	Υ	Γ	Ρ
Α	Τ	Υ	Κ	Α	Ι	Ι	Χ	Α	Μ	Ρ	Χ	Ο	Μ
Λ	Ν	Μ	Δ	Ε	Κ	Ι	Κ	Ρ	Ε	Τ	Ι	Ύ	Δ
Δ	Δ	Π	Ρ	Ώ	Ρ	Α	Ά	Ο	Ρ	Ή	Σ	Δ	Ώ
Ε	Ι	Δ	Ι	Κ	Ή	Ί	Ρ	Ύ	Ο	Μ	Μ	Ι	Ρ
Ε	Τ	Ί	Μ	Ρ	Υ	Δ	Τ	Μ	Λ	Σ	Έ	Π	Ο
Η	Ν	Ο	Η	Ο	Μ	Ί	Ε	Ε	Ό	Μ	Ν	Τ	Λ
Ο	Ν	Ψ	Σ	Μ	Β	Ο	Σ	Ν	Γ	Α	Ο	Ο	Π
Ί	Ξ	Ω	Ε	Ί	Έ	Β	Έ	Ο	Ι	Υ	Ι	Μ	Ί
Π	Ρ	Ό	Σ	Κ	Λ	Η	Σ	Η	Ο	Η	Α	Ρ	Ν
Ρ	Η	Α	Ι	Δ	Ι	Α	Σ	Κ	Έ	Δ	Α	Σ	Η

ΦΊΛΟΙ	ΚΈΙΚ
ΔΙΑΣΚΈΔΑΣΗ	ΕΥΤΥΧΙΣΜΈΝΟ
ΕΤΟΣ	ΠΡΌΣΚΛΗΣΗ
ΚΕΡΊ	ΜΈΡΑ
ΔΏΡΟ	ΧΑΡΟΎΜΕΝΟ
ΗΜΕΡΟΛΌΓΙΟ	ΣΟΦΊΑ
ΚΆΡΤΕΣ	ΕΙΔΙΚΉ
ΤΡΑΓΟΎΔΙ	ΏΡΑ
ΓΙΟΡΤΉ	

62 - Animaux de Compagnie

Χ	Ε	Λ	Ώ	Ν	Α	Γ	Ί	Δ	Α	Μ	Ε	Ε	Ε
Π	Ά	Κ	Τ	Η	Ν	Ί	Α	Τ	Ρ	Ο	Σ	Δ	Σ
Α	Α	Μ	Ψ	Ψ	Τ	Υ	Τ	Τ	Τ	Δ	Μ	Ν	Ε
Π	Γ	Κ	Σ	Κ	Ύ	Λ	Ο	Σ	Ά	Ψ	Ξ	Μ	Ν
Α	Ε	Ο	Π	Τ	Ε	Β	Η	Α	Ί	Κ	Ά	Μ	Ύ
Γ	Λ	Λ	Ο	Ν	Ε	Ρ	Ό	Δ	Β	Σ	Ι	Ρ	Χ
Ά	Ά	Ά	Ν	Κ	Ψ	Ρ	Α	Λ	Ί	Γ	Ε	Σ	Ι
Λ	Δ	Ρ	Τ	Ο	Λ	Ο	Υ	Ρ	Ί	Ά	Ξ	Α	Α
Ο	Α	Ο	Ί	Υ	Σ	Υ	Ω	Ω	Ω	Τ	Ι	Ύ	Ξ
Σ	Ψ	Ο	Κ	Ν	Λ	Ρ	Τ	Η	Ί	Α	Τ	Ρ	Δ
Γ	Γ	Ο	Ι	Έ	Δ	Ά	Ξ	Υ	Ο	Υ	Ρ	Α	Ρ
Τ	Έ	Τ	Γ	Λ	Γ	Δ	Ω	Ο	Μ	Α	Ο	Χ	Η
Έ	Μ	Ν	Ε	Ι	Χ	Π	Ψ	Ω	Μ	Ξ	Φ	Γ	Ο
Δ	Α	Ί	Σ	Κ	Ο	Υ	Τ	Ά	Β	Ι	Ή	Α	Ξ

ΓΆΤΑ	ΚΟΥΝΈΛΙ
ΓΑΤΆΚΙ	ΣΑΎΡΑ
ΓΊΔΑ	ΤΡΟΦΉ
ΣΚΎΛΟΣ	ΠΑΠΑΓΆΛΟΣ
ΚΟΥΤΆΒΙ	ΨΆΡΙ
ΚΟΛΆΡΟ	ΟΥΡΆ
ΝΕΡΌ	ΠΟΝΤΊΚΙ
ΝΎΧΙΑ	ΧΕΛΏΝΑ
ΧΆΜΣΤΕΡ	ΑΓΕΛΆΔΑ
ΛΟΥΡΊ	ΚΤΗΝΊΑΤΡΟΣ

63 - Forêt Tropicale

```
Υ  Σ  Έ  Ε  Π  Ι  Β  Ί  Ω  Σ  Η  Έ  Λ  Θ
Φ  Χ  Ύ  Η  Ζ  Ο  Ύ  Γ  Κ  Λ  Α  Ν  Μ  Η
Ν  Ύ  Ο  Ν  Κ  Ο  Ι  Ν  Ό  Τ  Η  Τ  Α  Λ
Λ  Γ  Σ  Η  Ν  Ν  Δ  Κ  Ε  Ί  Δ  Ο  Σ  Α
Ι  Λ  Δ  Η  Ο  Ε  Δ  Ν  Ι  Ω  Ε  Μ  Δ  Σ
Σ  Β  Τ  Β  Κ  Δ  Φ  Β  Χ  Λ  Λ  Α  Σ  Τ
Β  Ρ  Ύ  Α  Α  Ι  Ί  Α  Ξ  Λ  Ί  Τ  Έ  Ι
Ω  Ι  Ν  Χ  Τ  Α  Μ  Φ  Ί  Β  Ι  Α  Β  Κ
Α  Π  Ο  Κ  Α  Τ  Ά  Σ  Τ  Α  Σ  Η  Ο  Ά
Σ  Χ  Δ  Λ  Φ  Ή  Π  Ο  Λ  Ύ  Τ  Ι  Μ  Α
Ξ  Γ  Ξ  Ί  Ύ  Ρ  Π  Ο  Υ  Λ  Ι  Ά  Α  Ε
Ρ  Γ  Ε  Μ  Γ  Η  Α  Ι  Υ  Μ  Α  Σ  Ι  Σ
Ξ  Υ  Ί  Α  Ι  Σ  Β  Ο  Τ  Α  Ν  Ι  Κ  Ή
Ι  Γ  Χ  Ψ  Ο  Η  Υ  Ί  Τ  Β  Π  Η  Ρ  Ω
```

ΑΜΦΊΒΙΑ	ΦΎΣΗ
ΒΟΤΑΝΙΚΉ	ΣΎΝΝΕΦΑ
ΚΛΊΜΑ	ΠΟΥΛΙΆ
ΚΟΙΝΌΤΗΤΑ	ΠΟΛΎΤΙΜΑ
ΠΟΙΚΙΛΊΑ	ΔΙΑΤΉΡΗΣΗ
ΕΊΔΟΣ	ΚΑΤΑΦΎΓΙΟ
ΈΝΤΟΜΑ	ΣΈΒΟΜΑΙ
ΖΟΎΓΚΛΑ	ΑΠΟΚΑΤΆΣΤΑΣΗ
ΘΗΛΑΣΤΙΚΆ	ΕΠΙΒΊΩΣΗ
ΒΡΎΑ	

64 - Insectes

<pre>
Κ Α Τ Σ Α Ρ Ί Δ Α Γ Π Σ Ψ Δ
Λ Σ Ί Ε Β Τ Ω Ψ Δ Α Α Η Α Τ
Ξ Ρ Ο Ε Ρ Π Ι Ρ Π Κ Σ Ρ Δ Ω
Π Ρ Ο Ν Ύ Μ Φ Η Σ Ρ Χ Έ Μ Υ
Ε Ρ Β Β Λ Ά Ί Ω Υ Ί Α Ψ Υ Π
Τ Ε Ρ Ν Ρ Ν Χ Τ Ο Δ Λ Κ Ρ Α
Α Η Α Ι Έ Τ Ο Β Η Α Ί Ο Μ Ί
Λ Η Υ Λ Ω Η Ξ Π Π Σ Τ Υ Ή Θ
Ο Μ Έ Λ Ι Σ Σ Α Ε Φ Σ Ν Γ Ρ
Ύ Μ Ε Λ Ί Γ Κ Ρ Α Ή Α Ο Κ Ι
Δ Ν Ψ Σ Κ Ο Υ Λ Ή Κ Ι Ύ Ι Α
Α Τ Ζ Ι Τ Ζ Ί Κ Ι Α Ί Π Δ Ξ
Δ Έ Ε Ο Ν Σ Κ Α Θ Ά Ρ Ι Λ Ρ
Σ Κ Ν Ί Π Α Γ Π Χ Λ Χ Β Έ Ψ
</pre>

ΜΈΛΙΣΣΑ	ΚΟΥΝΟΎΠΙ
ΚΑΤΣΑΡΊΔΑ	ΠΕΤΑΛΟΎΔΑ
ΤΖΙΤΖΊΚΙ	ΥΠΑΊΘΡΙΑ
ΠΑΣΧΑΛΊΤΣΑ	ΜΕΛΊΓΚΡΑ
ΜΥΡΜΉΓΚΙ	ΑΚΡΊΔΑ
ΣΦΉΚΑ	ΣΚΑΘΆΡΙ
ΠΡΟΝΎΜΦΗ	ΤΕΡΜΊΤΗΣ
ΜΆΝΤΗΣ	ΣΚΟΥΛΉΚΙ
ΣΚΝΊΠΑ	

65 - Ferme #1

Ρ	Γ	Σ	Α	Έ	Ξ	Α	Ν	Η	Ξ	Σ	Ο	Π	Ω
Ύ	Υ	Έ	Ί	Λ	Ω	Γ	Ο	Ε	Φ	Α	Λ	Ε	Ρ
Ζ	Λ	Ί	Γ	Δ	Μ	Ε	Ψ	Γ	Ρ	Γ	Ί	Δ	Α
Ι	Β	Ι	Η	Μ	Έ	Λ	Ι	Ο	Α	Ό	Π	Ί	Ξ
Λ	Ι	Ξ	Α	Ε	Λ	Ά	Ί	Υ	Κ	Υ	Α	Ο	Σ
Κ	Ο	Π	Ά	Δ	Ι	Δ	Ρ	Τ	Γ	Σ	Υ	Σ
Σ	Κ	Ύ	Λ	Ο	Σ	Α	Η	Ο	Η	Α	Μ	Ψ	Ω
Ρ	Δ	Ε	Ο	Σ	Σ	Ι	Λ	Ύ	Σ	Ϊ	Α	Έ	Ψ
Γ	Λ	Γ	Γ	Ξ	Α	Δ	Σ	Ν	Σ	Δ	Ω	Γ	Π
Β	Ά	Μ	Ο	Σ	Χ	Ά	Ρ	Ι	Α	Ο	Β	Χ	Ι
Κ	Ο	Τ	Ό	Π	Ο	Υ	Λ	Ο	Ν	Ύ	Δ	Έ	Χ
Λ	Η	Σ	Α	Λ	Ί	Ω	Υ	Ξ	Ό	Ρ	Έ	Α	Ι
Π	Ω	Τ	Γ	Ε	Ω	Ρ	Γ	Ί	Α	Ι	Π	Ω	Π
Α	Α	Ν	Γ	Κ	Ο	Ρ	Ά	Κ	Ι	Σ	Ε	Ε	Υ

ΜΈΛΙΣΣΑ	ΚΟΡΆΚΙ
ΓΕΩΡΓΊΑ	ΝΕΡΌ
ΓΑΪΔΟΎΡΙ	ΛΊΠΑΣΜΑ
ΠΕΔΊΟ	ΣΑΝΌ
ΓΆΤΑ	ΜΈΛΙ
ΆΛΟΓΟ	ΚΟΤΌΠΟΥΛΟ
ΓΊΔΑ	ΡΎΖΙ
ΣΚΎΛΟΣ	ΚΟΠΆΔΙ
ΦΡΑΚΤΗΣ	ΑΓΕΛΆΔΑ
ΓΟΥΡΟΎΝΙ	ΜΟΣΧΆΡΙ

66 - Escalade

```
Υ  Ψ  Ό  Μ  Ε  Τ  Ρ  Ο  Κ  Χ  Χ  Φ  Έ  Π
Ι  Ω  Ί  Υ  Α  Ί  Χ  Ά  Ρ  Τ  Η  Υ  Δ  Ε
Α  Γ  Ά  Ν  Τ  Ι  Α  Ψ  Ά  Δ  Ί  Σ  Α  Ρ
Ξ  Τ  Σ  Η  Μ  Ω  Δ  Α  Ν  Ύ  Ω  Ι  Φ  Ι
Β  Ω  Τ  Β  Ό  Γ  Ο  Δ  Ο  Ν  Σ  Κ  Ο  Έ
Ι  Γ  Α  Ψ  Σ  Μ  Λ  Ξ  Σ  Α  Η  Ή  Σ  Ρ
Σ  Ψ  Θ  Ρ  Φ  Π  Γ  Ε  Ι  Μ  Λ  Δ  Ξ  Γ
Τ  Ω  Ε  Έ  Α  Ό  Ή  Ο  Δ  Η  Γ  Ο  Ί  Ε
Ε  Δ  Ρ  Λ  Ι  Τ  Ε  Λ  Ο  Α  Σ  Γ  Β  Ι
Ν  Λ  Ό  Τ  Ρ  Ε  Η  Η  Α  Α  Δ  Γ  Δ  Α
Ό  Ο  Τ  Σ  Α  Σ  Χ  Τ  Δ  Ι  Υ  Τ  Γ  Ω
Έ  Ψ  Η  Ί  Χ  Π  Ε  Ζ  Ο  Π  Ο  Ρ  Ί  Α
Κ  Α  Τ  Ά  Ρ  Τ  Ι  Σ  Η  Α  Α  Ρ  Β  Σ
Τ  Ρ  Α  Υ  Μ  Α  Τ  Ι  Σ  Μ  Ό  Ε  Β  Ρ
```

ΥΨΌΜΕΤΡΟ	ΚΑΤΆΡΤΙΣΗ
ΑΤΜΌΣΦΑΙΡΑ	ΓΆΝΤΙΑ
ΤΡΑΥΜΑΤΙΣΜΌ	ΣΠΉΛΑΙΟ
ΜΠΌΤΕΣ	ΟΔΗΓΟΊ
ΧΆΡΤΗ	ΦΥΣΙΚΉ
ΚΡΆΝΟΣ	ΠΕΖΟΠΟΡΊΑ
ΠΕΡΙΈΡΓΕΙΑ	ΣΤΑΘΕΡΌΤΗΤΑ
ΣΤΕΝΌ	ΈΔΑΦΟΣ
ΔΎΝΑΜΗ	

67 - École #2

Τ	Ι	Λ	Ο	Γ	Μ	Μ	Ψ	Α	Λ	Ί	Δ	Ι	Υ
Λ	Σ	Ν	Χ	Ε	Ψ	Μ	Λ	Σ	Ο	Ν	Σ	Ψ	Ι
Ρ	Π	Α	Μ	Ρ	Μ	Α	Ν	Ά	Γ	Ν	Ω	Σ	Η
Λ	Β	Ν	Ω	Γ	Π	Θ	Χ	Π	Ο	Δ	Ε	Λ	Μ
Έ	Δ	Έ	Ω	Α	Μ	Η	Ε	Α	Τ	Ά	Π	Ε	Ε
Μ	Ά	Θ	Η	Σ	Η	Μ	Γ	Ι	Ε	Σ	Ι	Ω	Ρ
Ξ	Χ	Ν	Λ	Ί	Ν	Α	Ν	Χ	Χ	Κ	Σ	Φ	Ο
Ω	Β	Έ	Ε	Α	Ψ	Τ	Β	Ν	Ν	Α	Τ	Ο	Λ
Λ	Ε	Ξ	Ι	Κ	Ό	Ι	Ι	Ί	Ί	Λ	Ή	Ρ	Ό
Χ	Α	Ρ	Τ	Ί	Ρ	Κ	Β	Δ	Α	Ο	Μ	Ε	Γ
Μ	Ο	Λ	Ύ	Β	Ι	Ά	Λ	Ι	Λ	Σ	Η	Ί	Ι
Γ	Ρ	Α	Φ	Ή	Τ	Ρ	Ι	Α	Ξ	Ψ	Ι	Ο	Ο
Ρ	Ξ	Β	Ψ	Ε	Κ	Π	Α	Ί	Δ	Ε	Υ	Σ	Η
Γ	Ρ	Α	Μ	Μ	Α	Τ	Ι	Κ	Ή	Λ	Λ	Π	Π

ΜΆΘΗΣΗ	ΕΚΠΑΊΔΕΥΣΗ
ΛΕΩΦΟΡΕΊΟ	ΓΡΑΜΜΑΤΙΚΉ
ΗΜΕΡΟΛΌΓΙΟ	ΠΑΙΧΝΊΔΙΑ
ΨΑΛΊΔΙ	ΑΝΆΓΝΩΣΗ
ΜΟΛΎΒΙ	ΛΟΓΟΤΕΧΝΊΑ
ΕΡΓΑΣΊΑ	ΒΙΒΛΙΑ
ΛΕΞΙΚΌ	ΜΑΘΗΜΑΤΙΚΆ
ΔΆΣΚΑΛΟΣ	ΧΑΡΤΊ
ΓΡΑΦΉ	ΕΠΙΣΤΉΜΗ

68 - Antarctique

```
Ε Ρ Ε Υ Ν Η Τ Ή Σ Π Ί Ξ Γ Τ
Λ Β Τ Γ Ψ Ο Ρ Υ Κ Τ Ά Σ Ί Υ
Υ Α Β Ρ Α Χ Ώ Δ Η Σ Τ Γ Π Λ
Γ Ί Μ Ξ Π Ε Ρ Ι Β Ά Λ Λ Ο Ν
Δ Ι Α Τ Ή Ρ Η Σ Η Ε Ε Φ Υ Σ
Κ Η Υ Β Π Σ Χ Χ Ω Ί Κ Ά Λ Ύ
Τ Ό Γ Έ Ε Ό Σ Ξ Έ Ξ Δ Λ Ι Ν
Λ Ξ Λ Η Ι Ν Ψ Ο Ρ Χ Ρ Α Ά Ν
Ξ Ρ Σ Π Ρ Η Τ Χ Τ Γ Ο Ι Λ Ε
Ψ Ο Γ Υ Ο Σ Ν Ε Ρ Ό Μ Ν Ξ Φ
Γ Α Λ Β Σ Ο Η Β Ε Η Ή Α Η Α
Μ Ε Τ Α Ν Ά Σ Τ Ε Υ Σ Η Ι Ε
Θ Ε Ρ Μ Ο Κ Ρ Α Σ Ί Α Λ Ω Σ
Γ Ε Ω Γ Ρ Α Φ Ί Α Ν Η Σ Ι Ά
```

ΚΌΛΠΟ	ΠΆΓΟΣ
ΦΆΛΑΙΝΑ	ΝΗΣΙΆ
ΕΡΕΥΝΗΤΉΣ	ΜΕΤΑΝΆΣΤΕΥΣΗ
ΔΙΑΤΉΡΗΣΗ	ΟΡΥΚΤΆ
ΉΠΕΙΡΟΣ	ΣΎΝΝΕΦΑ
ΝΕΡΌ	ΠΟΥΛΙΆ
ΠΕΡΙΒΆΛΛΟΝ	ΧΕΡΣΌΝΗΣΟ
ΕΚΔΡΟΜΉ	ΒΡΑΧΏΔΗΣ
ΓΕΩΓΡΑΦΊΑ	ΘΕΡΜΟΚΡΑΣΊΑ

69 - Professions #2

Λ	Α	Ο	Χ	Ε	Ι	Ρ	Ο	Υ	Ρ	Γ	Ό	Σ	Ε
Ι	Σ	Δ	Ά	Σ	Κ	Α	Λ	Ο	Σ	Γ	Π	Ξ	Ρ
Β	Τ	Ο	Ν	Τ	Ε	Τ	Έ	Κ	Τ	Ι	Β	Γ	Ε
Ι	Ρ	Ν	Κ	Α	Θ	Η	Γ	Η	Τ	Ή	Σ	Γ	Υ
Ο	Ο	Τ	Ι	Ι	Ν	Ί	Μ	Π	Ω	Ρ	Τ	Λ	Ν
Λ	Ν	Ί	Α	Έ	Β	Υ	Σ	Ο	Ν	Ο	Ί	Ω	Η
Ό	Α	Α	Τ	Α	Π	Π	Β	Υ	Δ	Έ	Ρ	Σ	Τ
Γ	Ύ	Τ	Ρ	Ε	Φ	Ε	Υ	Ρ	Έ	Τ	Η	Σ	Ή
Ο	Τ	Ρ	Ο	Ο	Φ	Ι	Λ	Ό	Σ	Ο	Φ	Ο	Σ
Σ	Η	Ο	Σ	Ψ	Ψ	Ψ	Μ	Σ	Α	Υ	Π	Λ	Ρ
Δ	Σ	Σ	Ξ	Μ	Μ	Η	Χ	Α	Ν	Ι	Κ	Ό	Σ
Φ	Ω	Τ	Ο	Γ	Ρ	Ά	Φ	Ο	Σ	Α	Ε	Γ	Ε
Χ	Ξ	Ε	Ι	Κ	Ο	Ν	Ο	Γ	Ρ	Ά	Φ	Ο	Σ
Π	Ι	Λ	Ο	Τ	Ι	Κ	Ή	Β	Τ	Π	Α	Σ	Δ

ΑΣΤΡΟΝΑΎΤΗΣ	ΕΦΕΥΡΈΤΗΣ
ΒΙΟΛΌΓΟΣ	ΚΗΠΟΥΡΌΣ
ΕΡΕΥΝΗΤΉΣ	ΓΛΩΣΣΟΛΌΓΟΣ
ΧΕΙΡΟΥΡΓΌΣ	ΙΑΤΡΟΣ
ΟΔΟΝΤΊΑΤΡΟΣ	ΦΙΛΌΣΟΦΟΣ
ΝΤΕΤΈΚΤΙΒ	ΦΩΤΟΓΡΆΦΟΣ
ΔΆΣΚΑΛΟΣ	ΠΙΛΟΤΙΚΉ
ΕΙΚΟΝΟΓΡΆΦΟΣ	ΚΑΘΗΓΗΤΉΣ
ΜΗΧΑΝΙΚΌΣ	

70 - Les Abeilles

Β	Δ	Α	Ο	Ί	Ά	Ν	Θ	Ο	Σ	Ξ	Ι	Ο	Κ
Γ	Α	Ε	Υ	Ε	Ρ	Γ	Ε	Τ	Ι	Κ	Ή	Χ	Α
Φ	Ύ	Σ	Έ	Ν	Τ	Ο	Μ	Ο	Ο	Ξ	Ε	Γ	Π
Ρ	Ξ	Ρ	Ί	Η	Ί	Σ	Γ	Λ	Ω	Β	Ξ	Ρ	Ν
Ο	Γ	Η	Η	Λ	Β	Φ	Τ	Ε	Ρ	Ά	Λ	Λ	Ί
Ύ	Ρ	Ρ	Π	Ο	Ι	Κ	Ι	Λ	Ί	Α	Ψ	Ν	Ζ
Τ	Π	Ο	Ι	Κ	Ο	Σ	Ύ	Σ	Τ	Η	Μ	Α	Ο
Ο	Κ	Υ	Ψ	Έ	Λ	Η	Σ	Μ	Έ	Λ	Ι	Ί	Υ
Ή	Ε	Π	Ι	Κ	Ο	Ν	Ι	Α	Σ	Τ	Ή	Σ	Ν
Λ	Ο	Υ	Λ	Ο	Ύ	Δ	Ι	Α	Η	Ρ	Λ	Β	Λ
Ι	Σ	Ε	Μ	Ω	Α	Π	Υ	Ι	Η	Ο	Α	Α	Ψ
Ο	Δ	Ω	Λ	Χ	Μ	Ψ	Τ	Ν	Ψ	Φ	Υ	Τ	Ά
Σ	Β	Ψ	Υ	Λ	Τ	Λ	Η	Η	Τ	Ή	Η	Δ	Ί
Κ	Ή	Π	Ο	Σ	Μ	Ή	Ν	Ο	Σ	Έ	Δ	Ω	Ε

ΦΤΕΡΆ   ΈΝΤΟΜΟ

ΕΥΕΡΓΕΤΙΚΉ   ΚΉΠΟΣ

ΚΕΡΊ   ΜΈΛΙ

ΠΟΙΚΙΛΊΑ   ΤΡΟΦΉ

ΣΜΉΝΟΣ   ΦΥΤΆ

ΟΙΚΟΣΎΣΤΗΜΑ   ΓΎΡΗ

ΆΝΘΟΣ   ΕΠΙΚΟΝΙΑΣΤΉΣ

ΛΟΥΛΟΎΔΙΑ   ΒΑΣΊΛΙΣΣΑ

ΦΡΟΎΤΟ   ΚΥΨΈΛΗ

ΚΑΠΝΊΖΟΥΝ   ΉΛΙΟΣ

71 - Dinosaures

Α	Π	Ε	Ξ	Α	Φ	Ά	Ν	Ι	Σ	Η	Η	Δ	Υ
Έ	Α	Π	Ο	Λ	Ι	Θ	Ώ	Μ	Α	Τ	Α	Α	Χ
Β	Μ	Έ	Γ	Ε	Θ	Ο	Σ	Π	Μ	Β	Λ	Ξ	Ξ
Λ	Φ	Α	Έ	Φ	Ρ	Ψ	Υ	Η	Γ	Ψ	Η	Σ	Ο
Ψ	Ά	Τ	Ρ	Τ	Μ	Π	Λ	Φ	Υ	Β	Ι	Α	Δ
Α	Γ	Ν	Ί	Ε	Ν	Ο	Ε	Υ	Π	Ω	Β	Ρ	Θ
Α	Α	Γ	Π	Ρ	Ο	Ϊ	Σ	Τ	Ο	Ρ	Ι	Κ	Ή
Μ	Τ	Ε	Ρ	Ά	Σ	Τ	Ι	Ο	Ό	Γ	Σ	Ο	Ρ
Ψ	Α	Μ	Η	Έ	Π	Β	Ι	Φ	Ω	Η	Χ	Φ	Α
Υ	Ε	Μ	Α	Τ	Π	Ω	Π	Ά	Δ	Ο	Υ	Ά	Μ
Ε	Ί	Δ	Ο	Σ	Δ	Μ	Ί	Γ	Ο	Υ	Ρ	Γ	Α
Ι	Λ	Έ	Γ	Ύ	Τ	Χ	Η	Α	Π	Έ	Ό	Ο	Ί
Μ	Η	Ε	Ι	Ε	Θ	Ε	Ξ	Έ	Λ	Ι	Ξ	Η	Μ
Χ	Ψ	Ο	Έ	Ψ	Ψ	Ο	Υ	Ρ	Ά	Ξ	Λ	Ρ	Ί

ΦΤΕΡΆ	ΠΑΜΦΆΓΑ
ΣΑΡΚΟΦΆΓΟ	ΠΡΟΪΣΤΟΡΙΚΉ
ΕΞΑΦΆΝΙΣΗ	ΘΉΡΑΜΑ
ΕΊΔΟΣ	ΙΣΧΥΡΌ
ΤΕΡΆΣΤΙΟ	ΟΥΡΆ
ΕΞΈΛΙΞΗ	ΕΡΠΕΤΌ
ΑΠΟΛΙΘΏΜΑΤΑ	ΜΈΓΕΘΟΣ
ΦΥΤΟΦΆΓΑ	ΓΗ
ΜΑΜΟΎΘ	

72 - Conduite

A M N Π H T Δ T K X H E T Y
É Σ Ή P A Γ Γ A I Γ Ξ K I I
M X Φ Σ Ί Ξ N X N K I A O Δ
P A X Ά P T H Ύ Δ A Y Ύ Δ Φ
P Σ X O Λ B Γ T Ύ P Ω Σ X P
Δ E Δ I Π E É H N Ά Ό I B É
M O T É P Γ I T O Z Ψ M Γ N
Π E Δ Δ O Ψ O A Y É H O O A
E Ά T A T Ύ X H M A O B P Σ
Z Δ É A A Σ T Y N O M Ί A M
Ό E Σ P Φ A É P I O H X Σ M
Σ I B Σ Φ O P T H Γ Ό I N I
X A M A A Π P E B Ψ A H O P
Ψ Π I B Y Π Ξ Ά Ξ Ξ Y X Π Ξ

ΑΤΎΧΗΜΑ	ΜΟΤΈΡ
ΦΟΡΤΗΓΌ	ΠΕΖΌΣ
ΚΑΎΣΙΜΟ	ΑΣΤΥΝΟΜΊΑ
ΧΆΡΤΗ	ΔΡΌΜΟΣ
ΚΙΝΔΎΝΟΥ	ΑΣΦΆΛΕΙΑ
ΦΡΈΝΑ	ΜΕΤΑΦΟΡΆ
ΓΚΑΡΆΖ	ΣΉΡΑΓΓΑ
ΑΈΡΙΟ	ΤΑΧΎΤΗΤΑ
ΆΔΕΙΑ	

73 - Plantes

Δ	Ξ	Ξ	Ρ	Ο	Ξ	Κ	Φ	Α	Ν	Π	Φ	Ί	Ι
Έ	Ω	Ε	Ν	Α	Ν	Ή	Ύ	Υ	Χ	Έ	Α	Ί	Ρ
Ν	Ψ	Δ	Ο	Ο	Ο	Π	Λ	Ξ	Λ	Τ	Σ	Χ	Ί
Τ	Γ	Τ	Ψ	Ρ	Μ	Ο	Λ	Ά	Ω	Α	Ό	Ε	Ξ
Ρ	Κ	Ά	Κ	Τ	Ο	Σ	Ω	Ν	Ρ	Λ	Λ	Έ	Χ
Ο	Λ	Ι	Ω	Ρ	Ύ	Δ	Μ	Ω	Ί	Ο	Ι	Τ	Έ
Α	Ί	Π	Σ	Π	Ρ	Χ	Α	Ω	Δ	Ι	Β	Σ	Ί
Ν	Π	Ω	Ί	Σ	Ο	Β	Ο	Τ	Α	Ν	Ι	Κ	Ή
Α	Α	Ε	Ο	Π	Ό	Η	Δ	Η	Δ	Α	Σ	Ο	Σ
Κ	Σ	Ρ	Ί	Ζ	Α	Σ	Μ	Π	Α	Μ	Π	Ο	Ύ
Ό	Μ	Β	Ό	Τ	Α	Ν	Ο	Β	Π	Ω	Ι	Ω	Η
Π	Α	Ν	Λ	Έ	Λ	Ξ	Ψ	Γ	Ρ	Μ	Β	Π	Ρ
Τ	Λ	Ο	Υ	Λ	Ο	Ύ	Δ	Ι	Η	Ύ	Έ	Χ	Μ
Ω	Β	Λ	Ά	Σ	Τ	Η	Σ	Η	Π	Ο	Α	Μ	Δ

ΔΈΝΤΡΟ	ΑΥΞΆΝΩ
ΜΟΎΡΟ	ΦΑΣΌΛΙ
ΜΠΑΜΠΟΎ	ΒΌΤΑΝΟ
ΒΟΤΑΝΙΚΉ	ΚΉΠΟΣ
ΚΆΚΤΟΣ	ΚΙΣΣΌΣ
ΛΊΠΑΣΜΑ	ΒΡΎΑ
ΦΎΛΛΩΜΑ	ΠΈΤΑΛΟ
ΛΟΥΛΟΎΔΙ	ΡΊΖΑ
ΧΛΩΡΊΔΑ	ΑΝΑΚΌΠΤΩ
ΔΆΣΟΣ	ΒΛΆΣΤΗΣΗ

74 - Ferme #2

Λ	Υ	Υ	Ρ	Φ	Π	Ρ	Ό	Β	Α	Τ	Ο	Κ	Έ
Ι	Ψ	Η	Τ	Ο	Ρ	Λ	Ρ	Π	Η	Τ	Β	Α	Ί
Β	Κ	Π	Γ	Α	Υ	Ο	Ά	Ι	Ζ	Γ	Ο	Λ	Γ
Ά	Ρ	Δ	Ε	Υ	Σ	Η	Ύ	Μ	Ώ	Ά	Σ	Α	Τ
Δ	Ι	Μ	Α	Ρ	Ν	Α	Σ	Τ	Α	Λ	Κ	Μ	Ψ
Ι	Θ	Η	Ρ	Σ	Υ	Δ	Ρ	Ο	Α	Ό	Π	Ε
Υ	Ά	Φ	Υ	Τ	Ό	Ι	Ω	Α	Η	Ρ	Σ	Ό	Ψ
Τ	Ρ	Ο	Φ	Ή	Χ	Ρ	Σ	Κ	Ί	Ν	Τ	Κ	Υ
Ψ	Ι	Ι	Β	Ο	Έ	Η	Ι	Τ	Υ	Ί	Ο	Ι	Ψ
Α	Χ	Υ	Ρ	Ώ	Ν	Α	Π	Έ	Σ	Ψ	Χ	Ψ	Ο
Ψ	Ο	Γ	Ω	Σ	Ι	Τ	Ά	Ρ	Ι	Β	Έ	Υ	Τ
Ν	Σ	Σ	Ο	Τ	Α	Β	Π	Ε	Έ	Σ	Σ	Λ	Ν
Έ	Χ	Π	Έ	Π	Ε	Ρ	Ι	Β	Ό	Λ	Ι	Τ	Η
Ο	Τ	Δ	Λ	Τ	Ι	Π	Α	Γ	Ρ	Ο	Τ	Η	Σ

ΑΡΝΊ	ΛΆΜΑ
ΑΓΡΟΤΗΣ	ΦΥΤΌ
ΖΏΑ	ΚΑΛΑΜΠΌΚΙ
ΒΟΣΚΌΣ	ΠΡΌΒΑΤΟ
ΣΙΤΆΡΙ	ΤΡΟΦΉ
ΠΆΠΙΑ	ΚΡΙΘΆΡΙ
ΦΡΟΎΤΟ	ΛΙΒΆΔΙ
ΑΧΥΡΏΝΑ	ΚΥΨΈΛΗ
ΆΡΔΕΥΣΗ	ΤΡΑΚΤΈΡ
ΓΆΛΑ	ΠΕΡΙΒΌΛΙ

75 - École #1

P Ύ Λ Μ Κ Ο Υ Ί Ζ Χ Έ Π Έ Φ
Ο Ψ Χ Ο Κ Γ Λ Γ Η Α Ρ Ν Ν Α
Σ Τ Υ Λ Ό Α Ρ Γ Ί Ρ Σ Χ Β Κ
Α Λ Ν Ύ Π Ρ Α Υ Τ Υ Ρ Ι Ε
Λ Π Δ Β Λ Γ Γ Έ Φ Ί Γ Φ Β Λ
Φ Ε Ά Ι Τ Π Ε Π Κ Ε Ί Ί Λ Ο
Ά Ξ Σ Ν Τ Ω Ύ Β Έ Λ Ί Λ Ι Ι
Β Ε Κ Μ Τ Α Μ Έ Ο Ι Α Ο Ο Ρ
Η Τ Α Ω Ν Η Α Α Ρ Ω Ξ Ι Θ Ξ
Τ Ά Λ Ο Ε Β Σ Σ Ν Χ Π Ρ Ή Τ
Ο Σ Ο Ρ Μ Α Θ Η Μ Α Τ Ι Κ Ά
Ι Ε Σ Ω Α Α Ρ Ι Θ Μ Ο Ί Η Ξ
Ι Ι Β Ι Β Λ Ι Α Γ Ε Α Β Λ Η
Ν Σ Δ Ι Α Σ Κ Έ Δ Α Σ Η Λ Χ

ΑΛΦΆΒΗΤΟ	ΔΆΣΚΑΛΟΣ
ΦΊΛΟΙ	ΕΞΕΤΆΣΕΙΣ
ΔΙΑΣΚΈΔΑΣΗ	ΒΙΒΛΙΑ
ΒΙΒΛΙΟΘΉΚΗ	ΜΑΘΗΜΑΤΙΚΆ
ΓΡΑΦΕΊΟ	ΑΡΙΘΜΟΊ
ΚΑΡΈΚΛΑ	ΧΑΡΤΊ
ΜΟΛΎΒΙ	ΚΟΥΊΖ
ΣΤΥΛΌ	ΑΠΆΝΤΗΣΗ
ΓΕΎΜΑ	ΤΆΞΗ
ΦΑΚΕΛΟΙ	

76 - Vacances #2

```
Τ  Λ  Δ  Θ  Ε  Σ  Τ  Ι  Α  Τ  Ό  Ρ  Ι  Ο
Ρ  Ω  Χ  Ά  Ρ  Τ  Η  Α  Η  Β  Ο  Υ  Ν  Ά
Έ  Ν  Ν  Λ  Έ  Ε  Ξ  Έ  Ν  Ο  Ξ  Έ  Μ  Υ
Ν  Μ  Η  Α  Λ  Α  Ε  Τ  Α  Ξ  Ί  Δ  Ι  Π
Ο  Ε  Κ  Σ  Κ  Η  Ν  Ή  Μ  Ψ  Η  Ρ  Ε  Α
Ξ  Τ  Ά  Σ  Ί  Ο  Ο  Α  Χ  Λ  Τ  Ω  Ί  Ρ
Μ  Α  Μ  Α  Α  Λ  Δ  Ι  Ψ  Ν  Ν  Α  Γ  Α
Α  Φ  Π  Ι  Α  Γ  Ο  Ο  Μ  Υ  Ρ  Π  Ε  Λ
Ξ  Ο  Ι  Β  Ν  Π  Χ  Ο  Ξ  Ί  Χ  Α  Ω  Ί
Η  Ρ  Ν  Ε  Ξ  Δ  Ε  Ε  Π  Υ  Δ  Ή  Ρ  Α
Ι  Ά  Γ  Ψ  Α  Β  Ί  Ζ  Α  Ε  Β  Α  Ε  Π
Η  Γ  Κ  Α  Ε  Ρ  Ο  Δ  Ρ  Ό  Μ  Ι  Ο  Ψ
Έ  Π  Ρ  Ο  Ο  Ρ  Ι  Σ  Μ  Ό  Σ  Σ  Ξ  Δ
Δ  Ι  Α  Β  Α  Τ  Ή  Ρ  Ι  Ο  Σ  Ω  Δ  Τ
```

ΑΕΡΟΔΡΌΜΙΟ	ΔΙΑΒΑΤΉΡΙΟ
ΚΆΜΠΙΝΓΚ	ΠΑΡΑΛΊΑ
ΧΆΡΤΗ	ΕΣΤΙΑΤΌΡΙΟ
ΠΡΟΟΡΙΣΜΌΣ	ΤΑΞΊ
ΞΈΝΟ	ΣΚΗΝΉ
ΞΕΝΟΔΟΧΕΊΟ	ΤΡΈΝΟ
ΝΗΣΊ	ΜΕΤΑΦΟΡΆ
ΑΝΑΨΥΧΉ	ΒΊΖΑ
ΘΆΛΑΣΣΑ	ΤΑΞΊΔΙ
ΒΟΥΝΆ	

77 - Temps

Η	Ε	Η	Μ	Ε	Ρ	Ο	Λ	Ό	Γ	Ι	Ο	Ί	Ψ
Μ	Τ	Π	Έ	Ε	Β	Δ	Ο	Μ	Ά	Δ	Α	Λ	Σ
Ξ	Ή	Π	Ρ	Ω	Ί	Μ	Ε	Τ	Ά	Ώ	Ρ	Α	Δ
Τ	Σ	Ν	Α	Υ	Π	Μ	Έ	Ι	Λ	Ε	Π	Τ	Ό
Μ	Ι	Χ	Α	Χ	Θ	Ε	Σ	Λ	Β	Δ	Ρ	Ρ	Ω
Ο	Α	Ρ	Ι	Σ	Λ	Σ	Τ	Η	Λ	Ί	Ι	Ο	Υ
Μ	Ε	Έ	Ώ	Έ	Ν	Η	Δ	Ώ	Έ	Ο	Ν	Λ	Β
Ί	Ν	Λ	Ν	Χ	Α	Μ	Έ	Ο	Ρ	Β	Ν	Ό	Ι
Δ	Ρ	Υ	Α	Ι	Α	Έ	Ψ	Ο	Α	Α	Ύ	Ι	Ε
Ρ	Η	Π	Σ	Ί	Ξ	Ρ	Γ	Ο	Ε	Ξ	Χ	Ν	Τ
Λ	Δ	Μ	Ε	Ω	Π	Ι	Η	Χ	Λ	Ν	Τ	Δ	Ο
Ν	Τ	Π	Δ	Δ	Ε	Κ	Α	Ε	Τ	Ί	Α	Υ	Σ
Έ	Σ	Ύ	Ν	Τ	Ο	Μ	Α	Σ	Ξ	Ε	Τ	Ψ	Η
Ψ	Μ	Ψ	Γ	Έ	Υ	Ξ	Η	Α	Τ	Π	Ί	Β	Ω

ΕΤΟΣ	ΡΟΛΌΙ
ΕΤΉΣΙΑ	ΜΈΡΑ
ΜΕΤΆ	ΤΏΡΑ
ΠΡΙΝ	ΠΡΩΊ
ΣΎΝΤΟΜΑ	ΜΕΣΗΜΈΡΙ
ΗΜΕΡΟΛΌΓΙΟ	ΛΕΠΤΌ
ΔΕΚΑΕΤΊΑ	ΜΉΝΑΣ
ΜΈΛΛΟΝ	ΝΎΧΤΑ
ΏΡΑ	ΕΒΔΟΜΆΔΑ
ΧΘΕΣ	ΑΙΏΝΑΣ

78 - Maison

```
Κ  Σ  Τ  Κ  Ν  Σ  Γ  Κ  Α  Ρ  Ά  Ζ  Χ  Τ
Ή  Τ  Ζ  Β  Ο  Ε  Κ  Ο  Υ  Ζ  Ί  Ν  Α  Ο
Π  Έ  Ά  Ι  Ι  Υ  Χ  Ο  Γ  Χ  Ν  Π  Λ  Ί
Ο  Γ  Κ  Χ  Υ  Β  Ρ  Ί  Ύ  Ι  Έ  Τ  Ί  Χ
Σ  Η  Ι  Ί  Η  Υ  Λ  Τ  Ξ  Π  Ξ  Α  Π  Ο
Δ  Ω  Μ  Ά  Τ  Ι  Ο  Ι  Ί  Η  Α  Β  Φ  Σ
Κ  Λ  Ε  Ι  Δ  Ι  Ά  Χ  Ο  Ν  Μ  Ά  Ρ  Ο
Κ  Α  Θ  Ρ  Ε  Φ  Τ  Η  Σ  Θ  Α  Ν  Α  Φ
Π  Π  Α  Ρ  Ά  Θ  Υ  Ρ  Ο  Γ  Ή  Ι  Κ  Ί
Ό  Λ  Ψ  Γ  Υ  Ξ  Γ  Τ  Ε  Ξ  Ο  Κ  Τ  Τ
Ρ  Ά  Λ  Ν  Έ  Δ  Ξ  Ν  Ψ  Υ  Π  Ν  Η  Α
Τ  Μ  Υ  Γ  Ι  Ν  Τ  Ο  Υ  Σ  Χ  Ι  Σ  Ρ
Α  Π  Β  Ν  Τ  Η  Π  Ε  Ο  Α  Δ  Ε  Σ  Ί
Ψ  Α  Ξ  Σ  Α  Λ  Ρ  Π  Ν  Έ  Η  Λ  Γ  Τ
```

ΣΚΟΎΠΑ	ΣΟΦΊΤΑ
ΒΙΒΛΙΟΘΉΚΗ	ΚΉΠΟΣ
ΔΩΜΆΤΙΟ	ΛΆΜΠΑ
ΤΖΆΚΙ	ΚΑΘΡΕΦΤΗΣ
ΚΛΕΙΔΙΆ	ΤΟΊΧΟΣ
ΦΡΑΚΤΗΣ	ΤΑΒΆΝΙ
ΚΟΥΖΊΝΑ	ΠΌΡΤΑ
ΝΤΟΥΣ	ΚΟΥΡΤΊΝΑ
ΠΑΡΆΘΥΡΟ	ΧΑΛΊ
ΓΚΑΡΆΖ	ΣΤΈΓΗ

79 - Légumes

```
Κ Ο Λ Ο Κ Ύ Θ Α Έ Χ Ξ Α Μ Έ
Ν Υ Δ Ξ Σ Α Λ Ά Τ Α Ψ Α Π Τ
Ξ Ψ Ν Ψ Ν Π Γ Ε Χ Ι Ω Ψ Ρ Β
Γ Ο Γ Γ Ύ Λ Ι Κ Π Χ Έ Ο Ό Γ
Ε Μ Α Ν Ι Τ Ά Ρ Ι Λ Λ Λ Κ Υ
Μ Τ Υ Μ Α Ϊ Ν Τ Α Ν Ό Σ Ο Σ
Ε Σ Κ Α Λ Ω Ν Ί Δ Α Ά Κ Λ Π
Λ Σ Κ Ό Ρ Δ Ο Ε Λ Ι Ά Ρ Ο Α
Ι Κ Λ Β Σ Έ Λ Ι Ν Ο Λ Ε Α Ν
Τ Α Τ Ζ Ί Ν Τ Ζ Ε Ρ Μ Μ Ρ Ά
Ζ Ρ Α Π Α Ν Ά Κ Ι Χ Ε Μ Σ Κ
Ά Ό Ι Σ Χ Ρ Ί Α Γ Γ Ο Ύ Ρ Ι
Ν Τ Ν Τ Ο Μ Ά Τ Α Χ Ρ Δ Α Ε
Α Ο Μ Ξ Έ Μ Π Ι Ζ Έ Λ Ι Λ Μ
```

ΣΚΌΡΔΟ	ΣΠΑΝΆΚΙ
ΑΓΚΙΝΆΡΑ	ΤΖΊΝΤΖΕΡ
ΜΕΛΙΤΖΆΝΑ	ΓΟΓΓΎΛΙ
ΜΠΡΌΚΟΛΟ	ΚΡΕΜΜΎΔΙ
ΚΑΡΌΤΟ	ΕΛΙΆ
ΣΈΛΙΝΟ	ΜΑΪΝΤΑΝΌΣ
ΜΑΝΙΤΆΡΙ	ΜΠΙΖΈΛΙ
ΚΟΛΟΚΎΘΑ	ΡΑΠΑΝΆΚΙ
ΑΓΓΟΎΡΙ	ΣΑΛΆΤΑ
ΕΣΚΑΛΩΝΊΔΑ	ΝΤΟΜΆΤΑ

80 - Plage

Σ Ψ Ω Ν Ι Γ Η Έ Α Έ Ε Ί Β Λ
Ν Ά Κ Α Β Ο Ύ Ρ Ι Κ Ι Γ Δ Ι
Η Μ Ε Μ Ά Ψ Χ Π Ξ Έ Τ Ι Ξ Μ
Σ Μ Α Λ Ρ Λ Α Μ Λ Σ Ψ Ή Λ Ν
Ί Ο Ν Χ Κ Ν Ο Μ Π Ρ Έ Λ Α Ο
Π Έ Ό Μ Α Α Θ Σ Χ Λ Ρ Ι Π Θ
Ε Χ Σ Α Ν Δ Ά Λ Ι Α Ε Ο Ο Ά
Τ Τ Ο Ξ Μ Ω Λ Κ Υ Α Σ Σ Β Λ
Σ Ψ Γ Έ Β Α Α Α Ο Ψ Ν Σ Ά Α
Έ Η Α Ρ Η Έ Σ Ε Τ Χ Ο Ρ Θ Σ
Τ Α Ξ Α Έ Ι Σ Ί Ω Π Ύ Έ Ρ Σ
Α Ί Ί Δ Σ Μ Α Γ Μ Σ Υ Λ Α Α
Ψ Μ Π Δ Ι Α Κ Ο Π Έ Σ Ο Ι Ο
Ψ Ι Σ Τ Ι Ο Φ Ό Ρ Ο Ξ Ω Χ Α

ΒΆΡΚΑ	ΩΚΕΑΝΌΣ
ΜΠΛΕ	ΟΜΠΡΈΛΑ
ΚΟΧΎΛΙΑ	ΞΈΡΑ
ΑΚΤΉ	ΆΜΜΟ
ΚΑΒΟΎΡΙ	ΣΑΝΔΆΛΙΑ
ΑΠΟΒΆΘΡΑ	ΠΕΤΣΈΤΑ
ΝΗΣΊ	ΉΛΙΟΣ
ΛΙΜΝΟΘΆΛΑΣΣΑ	ΔΙΑΚΟΠΈΣ
ΘΆΛΑΣΣΑ	ΙΣΤΙΟΦΌΡΟ

81 - Vacances #1

Β	Ψ	Ξ	Α	Ω	Μ	Λ	Π	Ο	Υ	Ξ	Τ	Ο	Α
Χ	Α	Υ	Τ	Ο	Κ	Ί	Ν	Η	Τ	Ο	Ι	Μ	Μ
Α	Ε	Λ	Δ	Γ	Γ	Έ	Γ	Σ	Ι	Η	Δ	Π	Ν
Λ	Κ	Τ	Ί	Ν	Ί	Ω	Ν	Ο	Ω	Ε	Τ	Ρ	Ί
Ά	Δ	Ε	Τ	Σ	Α	Κ	Ί	Δ	Ι	Ο	Έ	Β
Ρ	Ρ	Λ	Ρ	Ρ	Σ	Ν	Ν	Ι	Τ	Σ	Υ	Λ	Α
Ω	Ο	Ω	Ο	Α	Τ	Ό	Α	Τ	Ι	Ρ	Α	Ε
Σ	Μ	Ν	Μ	Μ	Ψ	Χ	Μ	Ε	Λ	Τ	Ι	Λ	Ρ
Η	Ή	Ε	Ο	Ο	Ψ	Ώ	Ι	Γ	Χ	Ή	Σ	Υ	Ο
Σ	Ν	Ί	Λ	Υ	Γ	Ρ	Σ	Υ	Μ	Ρ	Τ	Ί	Π
Ξ	Ο	Ο	Ό	Σ	Α	Η	Μ	Σ	Ε	Ι	Α	Λ	Λ
Χ	Β	Ο	Γ	Ε	Λ	Σ	Α	Ω	Ω	Ο	Σ	Υ	Ά
Η	Ο	Έ	Ι	Ί	Α	Η	Λ	Ί	Μ	Ν	Η	Α	Ν
Λ	Η	Ί	Ο	Ο	Ι	Ο	Ι	Β	Υ	Μ	Χ	Ι	Ο

ΑΕΡΟΠΛΆΝΟ
ΕΙΣΙΤΉΡΙΟ
ΝΌΜΙΣΜΑ
ΑΝΑΧΏΡΗΣΗ
ΤΕΛΩΝΕΊΟ
ΕΚΔΡΟΜΉ
ΔΡΟΜΟΛΌΓΙΟ
ΛΊΜΝΗ

ΜΟΥΣΕΊΟ
ΟΜΠΡΈΛΑ
ΧΑΛΆΡΩΣΗ
ΣΑΚΊΔΙΟ
ΤΟΥΡΙΣΤΑΣ
ΤΡΑΜ
ΒΑΛΊΤΣΑ
ΑΥΤΟΚΊΝΗΤΟ

82 - Famille

Θ	Γ	Ν	Ω	Α	Δ	Ε	Λ	Φ	Ο	Σ	Α	Γ	Π
Η	Ε	Ψ	Τ	Ψ	Ο	Π	Μ	Ί	Η	Ύ	Ψ	Ψ	Α
Ε	Δ	Ί	Δ	Υ	Μ	Α	Ί	Υ	Σ	Ζ	Τ	Ν	Π
Ψ	Γ	Η	Ο	Μ	Η	Τ	Έ	Ρ	Α	Υ	Ξ	Α	Π
Ι	Ι	Γ	Ι	Σ	Γ	Ρ	Γ	Υ	Δ	Γ	Α	Ί	Ο
Ί	Ρ	Ξ	Ο	Δ	Ω	Ι	Λ	Π	Ε	Ο	Δ	Κ	Ύ
Υ	Ν	Π	Υ	Ν	Μ	Κ	Ψ	Ε	Λ	Σ	Έ	Α	Σ
Κ	Ό	Ρ	Η	Ο	Ό	Ή	Π	Δ	Φ	Τ	Ρ	Π	Ν
Π	Υ	Ό	Ε	Ν	Ο	Σ	Α	Α	Ή	Ε	Φ	Α	Ο
Τ	Ρ	Γ	Ι	Α	Γ	Ι	Ά	Ν	Τ	Ρ	Η	Ι	Σ
Ν	Τ	Ο	Ω	Γ	Μ	Ε	Ί	Ι	Ι	Έ	Ί	Δ	Ο
Γ	Μ	Ν	Γ	Ι	Ξ	Ν	Ν	Ψ	Χ	Σ	Ρ	Ί	Τ
Α	Λ	Ο	Ξ	Α	Ν	Ι	Ψ	Ι	Ό	Σ	Χ	Α	Ω
Π	Ρ	Σ	Θ	Ε	Ί	Α	Ξ	Ά	Π	Π	Υ	Υ	Σ

ΠΡΌΓΟΝΟΣ	ΜΗΤΈΡΑ
ΞΑΔΈΡΦΗ	ΑΝΙΨΙΌΣ
ΠΑΙΔΊ	ΑΝΙΨΙΆ
ΓΥΝΑΊΚΑ	ΘΕΊΟΣ
ΚΌΡΗ	ΠΑΤΡΙΚΉ
ΑΔΕΛΦΟΣ	ΕΓΓΟΝΌΣ
ΓΙΑΓΙΆ	ΠΑΤΈΡΑΣ
ΠΑΠΠΟΎΣ	ΑΔΕΛΦΉ
ΔΊΔΥΜΑ	ΘΕΊΑ
ΣΎΖΥΓΟΣ	

83 - Oiseaux

Α	Π	Π	Ε	Φ	Γ	Λ	Ά	Ρ	Ο	Σ	Χ	Ί	Β
Η	Χ	Έ	Έ	Σ	Λ	Π	Ε	Λ	Ε	Κ	Α	Ν	Ξ
Κ	Χ	Ή	Ν	Α	Τ	Α	Κ	Ο	Ρ	Ά	Κ	Ι	Σ
Ο	Μ	Λ	Ί	Ι	Ρ	Γ	Μ	Α	Ε	Τ	Ό	Σ	Π
Ύ	Ι	Λ	Λ	Β	Τ	Ώ	Ο	Ί	Χ	Π	Ι	Μ	Ο
Κ	Α	Ν	Α	Ρ	Ί	Ν	Ι	Α	Ν	Ι	Υ	Δ	Υ
Ο	Μ	Χ	Λ	Λ	Ψ	Ι	Ω	Υ	Τ	Γ	Δ	Δ	Ρ
Σ	Ρ	Α	Η	Τ	Ψ	Χ	Β	Γ	Ο	Κ	Κ	Ω	Γ
Ε	Ρ	Ω	Δ	Ι	Ο	Σ	Ί	Ό	Υ	Ο	Ύ	Ο	Ί
Π	Ε	Ρ	Ι	Σ	Τ	Έ	Ρ	Ι	Κ	Υ	Κ	Π	Τ
Π	Ε	Λ	Α	Ρ	Γ	Ό	Σ	Λ	Ά	Ί	Ν	Ά	Ι
Μ	Ρ	Ψ	Τ	Λ	Π	Η	Η	Υ	Ν	Ν	Ο	Π	Σ
Ξ	Δ	Ν	Π	Α	Π	Α	Γ	Ά	Λ	Ο	Σ	Ι	Η
Κ	Ο	Τ	Ό	Π	Ο	Υ	Λ	Ο	Ν	Σ	Χ	Α	Γ

ΑΕΤΌΣ	ΠΙΓΚΟΥΪΝΟΣ
ΠΆΠΙΑ	ΣΠΟΥΡΓΊΤΙ
ΚΑΝΑΡΊΝΙ	ΓΛΆΡΟΣ
ΠΕΛΑΡΓΌΣ	ΑΥΓΟ
ΠΕΡΙΣΤΈΡΙ	ΧΉΝΑ
ΚΟΡΆΚΙ	ΠΑΓΏΝΙ
ΚΟΎΚΟΣ	ΠΑΠΑΓΆΛΟΣ
ΚΎΚΝΟΣ	ΠΕΛΕΚΑΝ
ΦΛΑΜΊΝΓΚΟ	ΚΟΤΟΠΟΥΛΟ
ΕΡΩΔΙΟΣ	ΤΟΥΚΆΝ

84 - Disciplines Scientifiques

```
Ψ Ω Β Ο Τ Α Ν Ι Κ Ή Ψ Π Κ Ψ
Α Ρ Χ Α Ι Ο Λ Ο Γ Ί Α Α Ο Β
Π Λ Β Ω Έ Κ Ξ Ν Τ Ε Έ Ν Ι Ι
Β Ε Α Σ Τ Ρ Ο Ν Ο Μ Ί Α Ν Ο
Χ Χ Α Ν Ο Σ Ο Λ Ο Γ Ί Α Ω Λ
Χ Η Μ Ε Ί Α Ί Λ Ο Ι Ε Μ Ν Ο
Μ Ε Τ Ε Ω Ρ Ο Λ Ο Γ Ί Α Ι Γ
Φ Υ Σ Ι Ο Λ Ο Γ Ί Α Ί Ω Ο Ί
Ο Ρ Υ Κ Τ Ο Λ Ο Γ Ί Α Α Λ Α
Μ Η Χ Α Ν Ι Κ Ή Α Ε Γ Α Ο Ν
Β Ι Ο Χ Η Μ Ε Ί Α Λ Ξ Δ Γ Γ
Ω Ψ Ω Δ Ν Ε Υ Ρ Ο Λ Ο Γ Ί Α
Β Ί Λ Σ Ω Α Ν Α Τ Ο Μ Ί Α Π
Θ Ε Ρ Μ Ο Δ Υ Ν Α Μ Ι Κ Ή Μ
```

ΑΝΑΤΟΜΊΑ	ΑΝΟΣΟΛΟΓΊΑ
ΑΡΧΑΙΟΛΟΓΊΑ	ΜΗΧΑΝΙΚΉ
ΑΣΤΡΟΝΟΜΊΑ	ΜΕΤΕΩΡΟΛΟΓΊΑ
ΒΙΟΧΗΜΕΊΑ	ΟΡΥΚΤΟΛΟΓΊΑ
ΒΙΟΛΟΓΊΑ	ΝΕΥΡΟΛΟΓΊΑ
ΒΟΤΑΝΙΚΉ	ΦΥΣΙΟΛΟΓΊΑ
ΧΗΜΕΊΑ	ΚΟΙΝΩΝΙΟΛΟΓΊΑ
ΟΙΚΟΛΟΓΊΑ	ΘΕΡΜΟΔΥΝΑΜΙΚΉ

85 - Émotions

```
Υ  Β  Ε  Η  Ε  Θ  Υ  Μ  Ό  Σ  Ι  Χ  Η  Σ
Π  Κ  Α  Λ  Ο  Σ  Ύ  Ν  Η  Ε  Κ  Α  Τ  Υ
Ε  Ι  Ρ  Ή  Ν  Η  Ρ  Ε  Μ  Ί  Α  Γ  Ρ  Μ
Ρ  Υ  Ί  Ι  Λ  Δ  Ί  Χ  Έ  Β  Ν  Ά  Υ  Π
Ι  Μ  Γ  Α  Β  Χ  Τ  Ρ  Ο  Η  Ο  Π  Φ  Ό
Ε  Ι  Τ  Ν  Ο  Ν  Ε  Χ  Ψ  Σ  Π  Η  Ε  Ν
Χ  Β  Έ  Α  Ώ  Γ  Σ  Τ  Ί  Ε  Ο  Τ  Ρ  Ι
Ό  Π  Κ  Κ  Ξ  Μ  Χ  Α  Ρ  Ά  Ί  Ω  Ό  Α
Μ  Ρ  Π  Ο  Ε  Σ  Ω  Α  Θ  Π  Η  Ρ  Τ  Σ
Ε  Χ  Λ  Ύ  Ν  Χ  Υ  Ν  Λ  Β  Σ  Η  Η  Μ
Ν  Ν  Η  Φ  Ό  Β  Ο  Σ  Ί  Α  Α  Σ  Τ  Μ
Ο  Τ  Ξ  Ι  Δ  Ξ  Η  Ί  Ψ  Λ  Ρ  Ω  Α  Σ
Μ  Β  Η  Σ  Ε  Ν  Α  Δ  Η  Σ  Τ  Ή  Ί  Τ
Ω  Α  Ρ  Η  Λ  Π  Λ  Ή  Ξ  Η  Σ  Ν  Υ  Α
```

ΑΓΆΠΗ	ΦΌΒΟΣ
ΗΡΕΜΊΑ	ΕΥΓΝΏΜΩΝ
ΘΥΜΌΣ	ΑΝΑΚΟΎΦΙΣΗ
ΠΕΡΙΕΧΌΜΕΝΟ	ΙΚΑΝΟΠΟΊΗΣΑ
ΧΑΛΑΡΉ	ΈΚΠΛΗΞΗ
ΠΛΉΞΗ	ΣΥΜΠΌΝΙΑ
ΚΑΛΟΣΎΝΗ	ΤΡΥΦΕΡΌΤΗΤΑ
ΧΑΡΆ	ΘΛΊΨΗ
ΕΙΡΉΝΗ	

Η Ο Ψ Μ Υ Β Ρ Λ Β Χ Ά Ρ Τ Η
Ί Υ Τ Υ Π Β Μ Ω Ο Ι Τ Ρ Έ Έ
Ρ Έ Χ Σ Ό Χ Χ Ώ Ρ Α Λ Ψ Δ Σ
Ω Ρ Υ Ι Λ Ψ Ι Ν Ρ Ή Α Π Α Ν
Κ Ο Α Ι Η Η Ε Ι Ά Π Ν Ε Φ Η
Ε Ί Λ Β Β Υ Ψ Ό Μ Ε Τ Ρ Ο Σ
Α Β Ξ Ι Δ Χ Ν Ό Τ Ι Α Ι Σ Ί
Ν Δ Ύ Σ Η Θ Ν Γ Β Ρ Ι Ο Τ Ι
Ό Υ Η Ι Ν Ά Ρ Ξ Δ Ο Τ Χ Ψ Κ
Σ Ψ Ψ Α Ν Λ Μ Ο Ί Σ Υ Η Ι Ό
Η Μ Ι Σ Φ Α Ί Ρ Ι Ο Ρ Ν Γ Σ
Ω Μ Ω Μ Ε Σ Η Μ Β Ρ Ι Ν Ό Μ
Γ Η Ρ Τ Π Σ Π Ο Τ Α Μ Ό Σ Ο
Γ Ε Ω Γ Ρ Α Φ Ι Κ Ό Ψ Ε Ο Μ

ΥΨΌΜΕΤΡΟ   ΚΌΣΜΟ
ΆΤΛΑΝΤΑ   ΒΟΥΝΌ
ΧΆΡΤΗ   ΒΟΡΡΆ
ΉΠΕΙΡΟΣ   ΩΚΕΑΝΌΣ
ΠΟΤΑΜΌΣ   ΔΎΣΗ
ΗΜΙΣΦΑΊΡΙΟ   ΧΏΡΑ
ΝΗΣΊ   ΠΕΡΙΟΧΉ
ΓΕΩΓΡΑΦΙΚΌ   ΝΌΤΙΑ
ΘΆΛΑΣΣΑ   ΈΔΑΦΟΣ
ΜΕΣΗΜΒΡΙΝΌ   ΠΌΛΗ

87 - Danse

```
Α Ρ Τ Π Λ Σ Τ Ά Σ Η Κ Δ Μ Χ
Ξ Υ Δ Ρ Ν Α Έ Π Ψ Ν Λ Π Ο Α
Π Θ Μ Γ Ε Ξ Χ Ω Ε Σ Α Ο Υ Ρ
Α Μ Χ Α Κ Α Ν Δ Ψ Σ Σ Λ Σ Ο
Ρ Ο Ά Ο Φ Χ Η Β Λ Ψ Ι Ι Ι Ύ
Α Ύ Ρ Π Ρ Π Ρ Ό Β Α Κ Τ Κ Μ
Δ Έ Η Ψ Α Ο Β Ν Π Χ Ή Ι Ή Ε
Ο Χ Σ Π Σ Υ Γ Κ Ί Ν Η Σ Η Ν
Σ Ώ Μ Α Τ Κ Ο Ρ Β Α Τ Μ Ω Ο
Ι Ν Δ Ψ Ι Α Ί Π Α Σ Α Ό Ω Ε
Α Ί Ν Λ Κ Ψ Τ Ν Τ Φ Α Σ Γ Τ
Κ Τ Γ Ρ Ή Η Χ Ο Η Ι Ί Π Υ Μ
Ή Π Α Ρ Τ Ε Ν Έ Ρ Σ Κ Α Δ Χ
Α Κ Α Δ Η Μ Ί Α Έ Υ Η Ή Β Ξ
```

ΑΚΑΔΗΜΊΑ	ΧΑΡΟΎΜΕΝΟ
ΤΈΧΝΗ	ΚΊΝΗΣΗ
ΧΟΡΟΓΡΑΦΊΑ	ΜΟΥΣΙΚΉ
ΚΛΑΣΙΚΉ	ΠΑΡΤΕΝΈΡ
ΣΏΜΑ	ΣΤΆΣΗ
ΠΟΛΙΤΙΣΜΌΣ	ΠΡΌΒΑ
ΕΚΦΡΑΣΤΙΚΉ	ΡΥΘΜΟΎ
ΣΥΓΚΊΝΗΣΗ	ΠΑΡΑΔΟΣΙΑΚΉ
ΧΆΡΗ	ΟΠΤΙΚΉ

88 - Bâtiments

Ν	Π	Π	Α	Ν	Ε	Π	Ι	Σ	Τ	Ή	Μ	Ι	Ο
Ο	Α	Δ	Β	Ο	Ρ	Μ	Ο	Υ	Σ	Ε	Ί	Ο	Δ
Σ	Ρ	Δ	Π	Ύ	Ρ	Γ	Ο	Σ	Ν	Κ	Τ	Τ	Α
Ο	Α	Σ	Ι	Γ	Κ	Α	Ρ	Ά	Ζ	Ε	Η	Ρ	Β
Κ	Τ	Τ	Κ	Α	Κ	Α	Μ	Π	Ί	Ν	Α	Ν	Λ
Ο	Η	Ά	Ο	Ά	Μ	Μ	Ά	Ρ	Κ	Ε	Τ	Α	Ή
Μ	Ρ	Δ	Δ	Μ	Σ	Έ	Ρ	Χ	Τ	Χ	Ν	Γ	Θ
Ε	Η	Ι	Α	Μ	Χ	Τ	Ρ	Ρ	Ω	Η	Τ	Ρ	Έ
Ί	Τ	Ο	Λ	Ω	Ο	Ψ	Ρ	Ι	Ε	Ρ	Ρ	Ό	Α
Ο	Ή	Δ	Ί	Σ	Λ	Λ	Γ	Ο	Σ	Μ	Χ	Κ	Τ
Π	Ρ	Ε	Σ	Β	Ε	Ί	Α	Σ	Ρ	Μ	Υ	Τ	Ρ
Γ	Ι	Ψ	Ω	Ω	Ί	Έ	Σ	Π	Η	Ψ	Α	Η	Ο
Π	Ο	Ξ	Ε	Ν	Ο	Δ	Ο	Χ	Ε	Ί	Ο	Μ	Ε
Α	Χ	Υ	Ρ	Ώ	Ν	Α	Λ	Ξ	Η	Ε	Ρ	Α	Υ

ΠΡΕΣΒΕΊΑ	ΞΕΝΟΔΟΧΕΊΟ
ΔΙΑΜΈΡΙΣΜΑ	ΜΟΥΣΕΊΟ
ΚΑΜΠΊΝΑ	ΠΑΡΑΤΗΡΗΤΉΡΙΟ
ΚΆΣΤΡΟ	ΣΤΆΔΙΟ
ΣΧΟΛΕΊΟ	ΜΆΡΚΕΤ
ΑΓΡΌΚΤΗΜΑ	ΣΚΗΝΉ
ΓΚΑΡΆΖ	ΘΈΑΤΡΟ
ΑΧΥΡΏΝΑ	ΠΎΡΓΟΣ
ΝΟΣΟΚΟΜΕΊΟ	ΠΑΝΕΠΙΣΤΉΜΙΟ

89 - Pêche

Σ	Ε	Β	Σ	Ξ	Β	Γ	Ί	Έ	Β	Ψ	Σ	Λ	Β
Α	Π	Ά	Χ	Ψ	Ρ	Σ	Ι	Ξ	Χ	Η	Ύ	Ί	Ρ
Γ	Ο	Ρ	Π	Π	Α	Ρ	Α	Λ	Ί	Α	Ρ	Μ	Ά
Ό	Χ	Κ	Σ	Α	Έ	Κ	Ί	Έ	Χ	Δ	Μ	Ν	Γ
Ν	Ή	Α	Π	Ο	Τ	Α	Μ	Ό	Σ	Δ	Α	Η	Χ
Ι	Β	Ε	Ξ	Ο	Π	Λ	Ι	Σ	Μ	Ό	Σ	Β	Ι
Ζ	Υ	Γ	Ί	Ζ	Ω	Ά	Χ	Τ	Α	Ρ	Π	Ω	Α
Δ	Ό	Λ	Ω	Μ	Α	Θ	Ψ	Ξ	Β	Ο	Ί	Κ	Α
Ν	Ε	Ρ	Ό	Η	Δ	Ι	Η	Ψ	Ι	Σ	Υ	Ε	Α
Υ	Π	Ε	Ρ	Β	Ο	Λ	Ή	Μ	Ρ	Ε	Ί	Α	Β
Δ	Ρ	Σ	Μ	Ι	Η	Ε	Υ	Π	Ο	Μ	Ο	Ν	Ή
Ά	Γ	Κ	Ι	Σ	Τ	Ρ	Ό	Γ	Α	Ι	Λ	Ό	Β
Β	Ί	Χ	Ν	Π	Π	Ρ	Ε	Ι	Ξ	Ρ	Β	Σ	Ξ
Β	Ε	Η	Ξ	Τ	Γ	Σ	Γ	Ε	Δ	Μ	Ο	Ο	Η

ΔΌΛΩΜΑ
ΒΆΡΚΑ
ΒΡΆΓΧΙΑ
ΆΓΚΙΣΤΡΟ
ΝΕΡΌ
ΥΠΕΡΒΟΛΉ
ΕΞΟΠΛΙΣΜΌΣ
ΣΎΡΜΑ
ΠΟΤΑΜΌΣ

ΛΊΜΝΗ
ΣΑΓΌΝΙ
ΩΚΕΑΝΌΣ
ΚΑΛΆΘΙ
ΥΠΟΜΟΝΉ
ΠΑΡΑΛΊΑ
ΖΥΓΊΖΩ
ΕΠΟΧΉ

90 - Activités et Loisirs

Λ	Z	X	Ό	Μ	Π	Ι	Ψ	Ά	Ρ	Ε	Μ	Α	Π
Τ	Ν	Ω	Β	Η	Π	Η	Ρ	Τ	Ο	Ο	Π	Ξ	Ε
Α	Ί	Σ	Γ	Ε	Ρ	Έ	Λ	Δ	Μ	Μ	Ο	Γ	Κ
Ξ	Β	Τ	Κ	Ρ	Β	Β	Ι	Ν	Χ	Ω	Ξ	Λ	Η
Ί	Μ	Ψ	Ο	Ε	Α	Η	Ρ	Ζ	Ο	Σ	Ω	Ι	Π
Δ	Ψ	Γ	Λ	Δ	Ι	Φ	Τ	Ρ	Μ	Π	Ξ	Ο	Ο
Ι	Ο	Ί	Φ	Ε	Ι	Ε	Ι	Έ	Η	Π	Δ	Β	Υ
Σ	Έ	Ρ	Φ	Ι	Ν	Γ	Κ	Κ	Ν	Γ	Ο	Ό	Ρ
Π	Ε	Ζ	Ο	Π	Ο	Ρ	Ί	Α	Ή	Ι	Ε	Λ	Ι
Π	Ο	Δ	Ό	Σ	Φ	Α	Ι	Ρ	Ο	Τ	Σ	Ε	Κ
Χ	Α	Λ	Α	Ρ	Ω	Τ	Ι	Κ	Ό	Έ	Ι	Ϊ	Ή
Κ	Α	Τ	Α	Δ	Ύ	Σ	Ε	Ι	Σ	Χ	Σ	Έ	Ω
Κ	Ο	Λ	Ύ	Μ	Β	Η	Σ	Η	Έ	Ν	Ο	Α	Ι
Μ	Π	Ά	Σ	Κ	Ε	Τ	Η	Έ	Π	Η	Η	Ο	Β

ΤΈΧΝΗ	ΖΩΓΡΑΦΙΚΉ
ΜΠΈΙΖΜΠΟΛ	ΨΆΡΕΜΑ
ΜΠΆΣΚΕΤ	ΚΑΤΑΔΎΣΕΙΣ
ΜΠΟΞ	ΠΕΖΟΠΟΡΊΑ
ΠΟΔΌΣΦΑΙΡΟ	ΧΑΛΑΡΩΤΙΚΌ
ΓΚΟΛΦ	ΣΈΡΦΙΝΓΚ
ΚΗΠΟΥΡΙΚΉ	ΤΈΝΙΣ
ΚΟΛΎΜΒΗΣΗ	ΒΌΛΕΪ
ΧΌΜΠΙ	ΤΑΞΊΔΙ

91 - Livres

```
Ι  Χ  Σ  Ο  Λ  Ι  Σ  Τ  Ο  Ρ  Ί  Α  Ν  Σ
Σ  Ξ  Ι  Ε  Μ  Β  Υ  Ε  Π  Ι  Κ  Ή  Ψ  Υ
Τ  Χ  Π  Ο  Ί  Η  Μ  Α  Ι  Η  Π  Τ  Α  Γ
Ο  Ε  Ε  Ν  Υ  Ι  Τ  Γ  Ο  Ρ  Ι  Ε  Δ  Γ
Ρ  Π  Ρ  Η  Β  Μ  Ι  Ι  Ί  Α  Ά  Έ  Υ  Ρ
Ι  Ο  Ι  Ψ  Α  Ρ  Ο  Β  Σ  Ε  Λ  Ί  Δ  Α
Κ  Ί  Π  Ε  Φ  Ε  Υ  Ρ  Ε  Τ  Ι  Κ  Ή  Φ
Ό  Η  Έ  Δ  Σ  Χ  Ε  Τ  Ι  Κ  Ή  Δ  Ι  Έ
Ε  Σ  Τ  Γ  Υ  Υ  Ρ  Ί  Μ  Σ  Ξ  Ι  Τ  Α
Ρ  Η  Ε  Β  Λ  Α  Φ  Η  Γ  Η  Τ  Ή  Σ  Σ
Ο  Γ  Ι  Π  Λ  Α  Ί  Σ  Ι  Ο  Ν  Ι  Έ  Χ
Έ  Α  Α  Λ  Ο  Γ  Ο  Τ  Ε  Χ  Ν  Ι  Κ  Ή
Λ  Α  Ν  Α  Γ  Ν  Ώ  Σ  Τ  Η  Σ  Σ  Μ  Ό
Η  Δ  Έ  Χ  Ή  Τ  Ρ  Α  Γ  Ι  Κ  Ή  Ξ  Έ
```

ΣΥΓΓΡΑΦΈΑΣ	ΑΝΑΓΝΏΣΤΗΣ
ΠΕΡΙΠΈΤΕΙΑ	ΛΟΓΟΤΕΧΝΙΚΉ
ΣΥΛΛΟΓΉ	ΑΦΗΓΗΤΉΣ
ΠΛΑΊΣΙΟ	ΣΕΛΊΔΑ
ΕΠΙΚΉ	ΣΧΕΤΙΚΉ
ΙΣΤΟΡΊΑ	ΠΟΊΗΜΑ
ΙΣΤΟΡΙΚΌ	ΠΟΊΗΣΗ
ΧΙΟΥΜΟΡΙΣΤΙΚΌ	ΣΕΙΡΆ
ΕΦΕΥΡΕΤΙΚΉ	ΤΡΑΓΙΚΉ

92 - Pays #2

```
Σ  Ρ  Κ  Ί  Δ  Τ  Ξ  Ρ  Ω  Σ  Ί  Α  Έ  Π
Ο  Γ  Έ  Ι  Μ  Ω  Ο  Υ  Γ  Κ  Ά  Ν  Τ  Α
Μ  Α  Ν  Μ  Ε  Ξ  Ι  Κ  Ό  Ι  Ί  Δ  Τ  Κ
Α  Λ  Υ  Η  Α  Ι  Ρ  Λ  Δ  Ε  Ί  Ν  Ζ  Ι
Λ  Λ  Α  Μ  Χ  Α  Λ  Β  Α  Ν  Ί  Α  Α  Σ
Ί  Ί  Ρ  Τ  Δ  Π  Α  Ά  Χ  Έ  Η  Ι  Μ  Τ
Α  Α  Μ  Λ  Γ  Ω  Ν  Ρ  Ο  Π  Μ  Ν  Ά  Ά
Λ  Ψ  Β  Υ  Η  Ν  Δ  Ί  Υ  Σ  Έ  Δ  Ι  Ν
Α  Ί  Γ  Η  Ψ  Ί  Ί  Ρ  Κ  Α  Σ  Ο  Κ  Β
Ο  Έ  Β  Έ  Έ  Α  Α  Α  Ρ  Ϊ  Ο  Ν  Α  Ο
Ω  Μ  Ί  Α  Σ  Υ  Ρ  Ί  Α  Τ  Υ  Η  Δ  Β
Π  Δ  Δ  Σ  Ν  Ω  Ο  Ξ  Ν  Ή  Δ  Σ  Υ  Ι
Β  Ξ  Ι  Ί  Μ  Ο  Ο  Ι  Ί  Ί  Ά  Ί  Β  Λ
Δ  Α  Ν  Ί  Α  Ν  Σ  Ι  Α  Α  Ν  Α  Γ  Ρ
```

ΑΛΒΑΝΊΑ	ΛΆΟΣ
ΚΊΝΑ	ΛΊΒΑΝΟΣ
ΔΑΝΊΑ	ΜΕΞΙΚΌ
ΓΑΛΛΊΑ	ΟΥΓΚΆΝΤΑ
ΑΪΤΉ	ΠΑΚΙΣΤΆΝ
ΙΝΔΟΝΗΣΊΑ	ΡΩΣΊΑ
ΙΡΛΑΝΔΊΑ	ΣΟΜΑΛΊΑ
ΤΖΑΜΆΙΚΑ	ΣΟΥΔΆΝ
ΙΑΠΩΝΊΑ	ΣΥΡΊΑ
ΚΈΝΥΑ	ΟΥΚΡΑΝΊΑ

93 - Fournitures d'Art

Α	Ί	Ψ	Π	Η	Ξ	Α	Χ	Ε	Β	Τ	Γ	Ψ	Γ
Π	Μ	Μ	Α	Λ	Η	Ξ	Κ	Ρ	Έ	Ω	Χ	Ο	Ο
Β	Ι	Τ	Σ	Π	Ν	Ι	Ο	Ρ	Ώ	Ο	Τ	Ί	Σ
Υ	Ψ	Ν	Τ	Μ	Ω	Ψ	Ι	Ψ	Υ	Μ	Η	Ν	Α
Χ	Β	Α	Έ	Ι	Ο	Ι	Κ	Ό	Λ	Λ	Α	Χ	Τ
Γ	Σ	Κ	Λ	Λ	Ά	Δ	Ι	Ξ	Υ	Χ	Ι	Τ	Χ
Δ	Τ	Ά	Β	Μ	Ο	Λ	Ύ	Β	Ι	Α	Ι	Κ	Α
Ε	Ρ	Ρ	Π	Ε	Υ	Γ	Ό	Μ	Α	Ρ	Δ	Χ	Ό
Κ	Α	Β	Α	Λ	Έ	Τ	Ο	Ξ	Ω	Τ	Έ	Ω	Υ
Ο	Π	Ο	Ί	Ά	Β	Δ	Ξ	Ε	Ο	Ί	Α	Α	Ί
Τ	Έ	Υ	Ε	Ν	Ξ	Ω	Ρ	Ρ	Υ	Ω	Ξ	Ν	Ψ
Ε	Ζ	Ν	Τ	Ι	Δ	Α	Μ	Ν	Τ	Λ	Ξ	Β	Ε
Α	Ι	Ο	Α	Κ	Ο	Υ	Α	Ρ	Έ	Λ	Ε	Σ	Ί
Ν	Ε	Ρ	Ό	Κ	Α	Ρ	Έ	Κ	Λ	Α	Ψ	Ε	Ο

ΑΚΡΥΛΙΚΌ	ΝΕΡΌ
ΑΚΟΥΑΡΈΛΕΣ	ΜΕΛΆΝΙ
ΠΙΝΈΛΟ	ΓΌΜΑ
ΚΑΡΈΚΛΑ	ΛΆΔΙ
ΚΆΡΒΟΥΝΟ	ΙΔΈΑ
ΚΑΒΑΛΈΤΟ	ΧΑΡΤΊ
ΚΌΛΛΑ	ΠΑΣΤΈΛ
ΧΡΏΜΑΤΑ	ΤΡΑΠΈΖΙ
ΜΟΛΎΒΙΑ	

94 - Jouets

```
Π  Δ  Ρ  Λ  Ρ  Ί  Β  Β  Δ  Κ  Β  Α  Α  Β
Π  Α  Β  Β  Α  Μ  Σ  Ξ  Ξ  Ρ  Ι  Γ  Ε  Φ
Χ  Β  Ι  Β  Λ  Ι  Α  Ί  Τ  Α  Ο  Α  Ρ  Α
Μ  Ρ  Η  Χ  Δ  Ε  Έ  Υ  Ύ  Γ  Τ  Π  Ο  Ν
Π  Ρ  Ώ  Δ  Ν  Ι  Α  Ο  Μ  Ι  Ε  Η  Π  Τ
Ά  Ο  Ψ  Μ  Π  Ί  Α  Ω  Π  Ό  Χ  Μ  Λ  Α
Λ  Μ  Δ  Ψ  Α  Π  Δ  Σ  Α  Ν  Ν  Έ  Ά  Σ
Α  Π  Γ  Ή  Ζ  Τ  Ξ  Ι  Ν  Ι  Ί  Ν  Ν  Ί
Γ  Ό  Ρ  Ε  Λ  Ξ  Α  Ψ  Α  Α  Α  Ο  Ο  Α
Δ  Τ  Ί  Ρ  Ε  Α  Β  Ά  Ρ  Κ  Α  Σ  Ν  Τ
Α  Σ  Δ  Φ  Ο  Ρ  Τ  Η  Γ  Ό  Η  Σ  Ω  Ρ
Ι  Ν  Π  Π  Τ  Η  Κ  Ο  Ύ  Κ  Λ  Α  Λ  Έ
Χ  Α  Ρ  Τ  Α  Ε  Τ  Ό  Σ  Κ  Ά  Κ  Ι  Ν
Α  Υ  Τ  Ο  Κ  Ί  Ν  Η  Τ  Ο  Υ  Β  Ξ  Ο
```

ΒΙΟΤΕΧΝΊΑ	ΠΑΙΧΝΊΔΙΑ
ΑΕΡΟΠΛΆΝΟ	ΒΙΒΛΙΑ
ΜΠΆΛΑ	ΧΡΏΜΑΤΑ
ΒΆΡΚΑ	ΚΟΎΚΛΑ
ΦΟΡΤΗΓΌ	ΠΑΖΛ
ΧΑΡΤΑΕΤΌΣ	ΡΟΜΠΌΤ
ΚΡΑΓΙΌΝΙΑ	ΤΎΜΠΑΝΑ
ΣΚΆΚΙ	ΤΡΈΝΟ
ΑΓΑΠΗΜΈΝΟΣ	ΠΟΔΉΛΑΤΟ
ΦΑΝΤΑΣΊΑ	ΑΥΤΟΚΊΝΗΤΟ

95 - Eau

Ω	Χ	Η	Ο	Α	Ξ	Ε	Υ	Υ	Έ	Α	Π	Ν	Ρ
Κ	Ι	Π	Ί	Δ	Ι	Μ	Β	Ε	Π	Χ	Α	Τ	Σ
Ε	Ό	Κ	Ύ	Μ	Α	Τ	Α	Η	Ά	Ν	Γ	Ο	Π
Α	Ν	Χ	Π	Ρ	Π	Π	Ω	Γ	Ί	Ω	Υ	Ε
Ν	Ι	Ι	Δ	Ό	Ν	Ω	Ο	Έ	Ο	Π	Ν	Σ	Ξ
Ό	Δ	Ο	Ξ	Γ	Σ	Υ	Η	Τ	Σ	Λ	Ι	Α	Ά
Σ	Β	Υ	Λ	Δ	Ψ	Ι	Ν	Π	Α	Η	Ά	Λ	Τ
Υ	Γ	Ρ	Α	Σ	Ί	Α	Μ	Ι	Λ	Μ	Α	Λ	Μ
Ε	Ι	Ι	Ο	Υ	Γ	Ρ	Ό	Ο	Ί	Μ	Ό	Ο	Ι
Υ	Ε	Κ	Μ	Χ	Σ	Ί	Ρ	Λ	Μ	Ύ	Β	Σ	Σ
Ψ	Β	Α	Β	Α	Ή	Ψ	Π	Α	Ν	Ρ	Η	Π	Η
Υ	Β	Ν	Ά	Ρ	Δ	Ε	Υ	Σ	Η	Α	Ε	Ρ	Γ
Χ	Ο	Α	Ν	Έ	Μ	Ο	Υ	Σ	Ώ	Ν	Α	Σ	Ρ
Γ	Υ	Σ	Κ	Α	Ν	Ά	Λ	Ι	Α	Τ	Μ	Ο	Ύ

ΚΑΝΆΛΙ	ΛΊΜΝΗ
ΝΤΟΥΣ	ΜΟΥΣΏΝΑΣ
ΕΞΆΤΜΙΣΗ	ΧΙΌΝΙ
ΠΟΤΑΜΌΣ	ΩΚΕΑΝΌΣ
ΠΑΓΩΝΙΆ	ΧΙΟΥΡΙΚΑΝΑΣ
ΠΆΓΟΣ	ΒΡΟΧΉ
ΥΓΡΌ	ΠΌΣΙΜΟ
ΥΓΡΑΣΊΑ	ΚΎΜΑΤΑ
ΠΛΗΜΜΎΡΑ	ΑΤΜΟΎ
ΆΡΔΕΥΣΗ	

96 - Paysages

```
Χ Π Ο Τ Α Μ Ό Σ Ε Ψ Μ Λ Π Θ
Ε Σ Σ Τ Ο Ύ Ν Δ Ρ Α Χ Ό Α Ά
Ρ Γ Π Α Γ Ό Β Ο Υ Ν Ο Φ Ρ Λ
Σ Σ Ή Β Ω Σ Ο Ω Α Έ Ί Ο Α Α
Ό Κ Λ Ά Γ Μ Υ Χ Κ Ω Ψ Ό Λ Σ
Ν Γ Α Λ Ί Μ Ν Η Υ Ε Ο Τ Ί Σ
Η Λ Ι Τ Ν Χ Ό Ί Ρ Ί Α Ν Α Α
Σ Λ Ο Ο Α Ε Π Δ Γ Γ Α Ν Έ Δ
Ο Ό Ξ Σ Τ Ρ Η Π Β Τ Γ Ί Ό Σ
Ρ Β Α Χ Ο Ή Ρ Α Α Ν Γ Τ Ι Σ
Λ Λ Ε Σ Ω Μ Π Ά Ε Κ Β Ο Λ Ή
Ν Ε Η Ψ Η Ο Έ Τ Κ Δ Η Έ Ξ Έ
Π Τ Ν Δ Δ Υ Ν Ψ Γ Τ Χ Ε Ρ Υ
Κ Ο Ι Λ Ά Δ Α Ψ Ι Ν Η Σ Ί Ο
```

ΚΑΤΑΡΡΆΚΤΗ	ΒΆΛΤΟΣ
ΛΌΦΟ	ΘΆΛΑΣΣΑ
ΕΡΉΜΟΥ	ΒΟΥΝΌ
ΕΚΒΟΛΉ	ΌΑΣΗ
ΠΟΤΑΜΌΣ	ΩΚΕΑΝΌΣ
ΣΠΉΛΑΙΟ	ΧΕΡΣΌΝΗΣΟ
ΠΑΓΌΒΟΥΝΟ	ΠΑΡΑΛΊΑ
ΝΗΣΊ	ΤΟΎΝΔΡΑ
ΛΊΜΝΗ	ΚΟΙΛΆΔΑ

97 - Nombres

```
Α  Ε  Έ  Δ  Δ  Ύ  Ο  Ο  Δ  Ώ  Δ  Ε  Κ  Α
Μ  Ί  Ξ  Ε  Ε  Ν  Ί  Α  Ρ  Ξ  Ο  Ν  Δ  Δ
Ψ  Κ  Ι  Κ  Κ  Κ  Ί  Δ  Ρ  Β  Δ  Ν  Ε  Ε
Γ  Ο  Μ  Α  Α  Ι  Α  Ι  Γ  Γ  Ω  Έ  Κ  Κ
Σ  Σ  Ω  Έ  Ο  Έ  Ε  Ε  Ρ  Ξ  Α  Α  Α  Α
Δ  Ι  Ρ  Ξ  Κ  Ι  Δ  Π  Ν  Γ  Α  Ε  Τ  Τ
Ε  Ε  Δ  Ι  Τ  Ρ  Ί  Α  Τ  Ν  Λ  Β  Ρ  Έ
Κ  Ο  Κ  Τ  Ώ  Ψ  Ξ  Π  Έ  Ά  Έ  Χ  Ί  Σ
Α  Μ  Ξ  Α  Ψ  Χ  Π  Β  Σ  Τ  Η  Α  Α  Σ
Δ  Τ  Γ  Ε  Ε  Η  Υ  Λ  Σ  Π  Έ  Ν  Τ  Ε
Ι  Δ  Έ  Κ  Α  Π  Σ  Ν  Ε  Π  Β  Ο  Σ  Ρ
Κ  Μ  Η  Δ  Έ  Ν  Τ  Ξ  Ρ  Λ  Μ  Ψ  Τ  Α
Ό  Λ  Β  Ε  Σ  Λ  Ο  Ά  Α  Μ  Λ  Υ  Α  Ρ
Ν  Ι  Δ  Ε  Κ  Α  Π  Έ  Ν  Τ  Ε  Γ  Ε  Ψ
```

ΠΈΝΤΕ	ΔΕΚΑΤΈΣΣΕΡΑ
ΔΎΟ	ΤΈΣΣΕΡΑ
ΔΕΚΑΔΙΚΌ	ΔΕΚΑΠΈΝΤΕ
ΔΈΚΑ	ΔΕΚΑΈΞΙ
ΔΕΚΑΟΚΤΏ	ΕΠΤΆ
ΔΕΚΑΕΝΝΈΑ	ΈΞΙ
ΔΕΚΑΕΠΤΆ	ΔΕΚΑΤΡΊΑ
ΔΏΔΕΚΑ	ΤΡΊΑ
ΟΚΤΏ	ΕΊΚΟΣΙ
ΕΝΝΈΑ	ΜΗΔΈΝ

98 - Nature

```
Τ  Ρ  Ο  Π  Ι  Κ  Ή  Δ  Ά  Ζ  Ψ  Ο  Έ  Γ
Γ  Έ  Ψ  Έ  Ο  Η  Ξ  Α  Α  Γ  Ώ  Σ  Χ  Α
Φ  Ύ  Λ  Λ  Ω  Μ  Α  Σ  Β  Α  Ρ  Α  Δ  Λ
Π  Ο  Τ  Α  Μ  Ό  Σ  Ο  Α  Ρ  Κ  Ι  Ί  Ή
Α  Λ  Υ  Ξ  Β  Α  Ε  Σ  Χ  Κ  Α  Ε  Ο  Ν
Δ  Ι  Ά  Β  Ρ  Ω  Σ  Η  Β  Τ  Τ  Ρ  Μ  Ι
Ε  Υ  Σ  Γ  Ε  Ο  Μ  Δ  Μ  Ι  Α  Ό  Ί  Ο
Σ  Ύ  Ν  Ν  Ε  Φ  Α  Ε  Έ  Κ  Φ  Ψ  Χ  Ω
Π  Ε  Μ  Α  Β  Ρ  Ρ  Γ  Λ  Ή  Ύ  Έ  Λ  Υ
Λ  Μ  Β  Ο  Μ  Ο  Ρ  Φ  Ι  Ά  Γ  Ψ  Η  Σ
Ε  Ι  Ρ  Η  Ν  Ι  Κ  Ή  Σ  Ω  Ι  Ί  Λ  Δ
Ω  Τ  Ζ  Ω  Τ  Ι  Κ  Ή  Σ  Ε  Ο  Ι  Υ  Β
Η  Χ  Σ  Ί  Ι  Υ  Α  Ή  Ε  Ρ  Ή  Μ  Ο  Υ
Π  Α  Γ  Ε  Τ  Ώ  Ν  Α  Σ  Σ  Υ  Ρ  Ψ  Σ
```

ΜΈΛΙΣΣΕΣ	ΠΟΤΑΜΌΣ
ΚΑΤΑΦΎΓΙΟ	ΔΑΣΟΣ
ΖΏΑ	ΠΑΓΕΤΏΝΑΣ
ΑΡΚΤΙΚΉ	ΣΎΝΝΕΦΑ
ΟΜΟΡΦΙΆ	ΕΙΡΗΝΙΚΉ
ΟΜΊΧΛΗ	ΙΕΡΌ
ΕΡΉΜΟΥ	ΆΓΡΙΟ
ΔΥΝΑΜΙΚΉ	ΓΑΛΉΝΙΟ
ΔΙΆΒΡΩΣΗ	ΤΡΟΠΙΚΉ
ΦΎΛΛΩΜΑ	ΖΩΤΙΚΉ

99 - Bateaux

Π	Ω	Ψ	Ρ	Θ	Ν	Λ	Ί	Π	Ο	Λ	Ί	Π	Ι
Α	Κ	Ξ	Ρ	Ά	Α	Μ	Ί	Β	Λ	Η	Α	Ο	Σ
Λ	Ε	Α	Ν	Λ	Ύ	Κ	Η	Μ	Ξ	Ι	Ι	Ρ	Τ
Ί	Α	Έ	Ί	Α	Τ	Μ	Α	Χ	Ν	Η	Α	Θ	Ι
Ρ	Ν	Ρ	Ξ	Σ	Η	Ξ	Γ	Ν	Α	Η	Ν	Μ	Ο
Ρ	Ό	Η	Α	Σ	Σ	Ω	Δ	Σ	Ό	Ν	Γ	Ε	Φ
Ο	Σ	Η	Μ	Α	Δ	Ο	Ύ	Ρ	Α	Λ	Ή	Ί	Ό
Ι	Ο	Α	Ξ	Λ	Π	Ο	Τ	Α	Μ	Ό	Σ	Ο	Ρ
Α	Ο	Ν	Ψ	Σ	Λ	Ά	Κ	Α	Γ	Ι	Ά	Κ	Ο
Ψ	Ξ	Γ	Ψ	Χ	Ή	Γ	Ν	Α	Υ	Τ	Ι	Κ	Ό
Χ	Β	Ν	Ξ	Ο	Ρ	Κ	Ύ	Μ	Α	Τ	Α	Δ	Γ
Ρ	Ρ	Η	Η	Ι	Ω	Υ	Κ	Α	Τ	Ά	Ρ	Τ	Ι
Γ	Ξ	Ο	Γ	Ν	Μ	Ρ	Χ	Ν	Ι	Ί	Ω	Ο	Ο
Σ	Χ	Ε	Δ	Ί	Α	Α	Λ	Ρ	Ο	Τ	Υ	Έ	Τ

ΆΓΚΥΡΑ	ΝΑΎΤΗΣ
ΣΗΜΑΔΟΎΡΑ	ΚΑΤΆΡΤΙ
ΚΑΝΌ	ΘΆΛΑΣΣΑ
ΣΧΟΙΝΊ	ΜΗΧΑΝΉ
ΠΛΉΡΩΜΑ	ΝΑΥΤΙΚΌ
ΠΟΡΘΜΕΊΟ	ΩΚΕΑΝΌΣ
ΠΟΤΑΜΌΣ	ΣΧΕΔΊΑ
ΚΑΓΙΆΚ	ΚΎΜΑΤΑ
ΛΊΜΝΗ	ΙΣΤΙΟΦΌΡΟ
ΠΑΛΊΡΡΟΙΑ	ΓΙΟΤ

100 - Mesures

Χ	Ί	Ε	Η	Η	Μ	Μ	Έ	Τ	Ρ	Ο	Λ	Έ	Δ
Ι	Ι	Ω	Λ	Π	Ο	Ω	Ή	Π	Η	Ι	Ί	Ξ	Ε
Λ	Α	Λ	Χ	Έ	Α	Π	Χ	Κ	Υ	Μ	Τ	Τ	Κ
Ι	Α	Δ	Ι	Υ	Ψ	Ο	Σ	Ρ	Ο	Ε	Ρ	Χ	Α
Ό	Β	Υ	Ο	Ό	Λ	Ε	Π	Τ	Ό	Σ	Ο	Ε	Δ
Γ	Α	Η	Γ	Έ	Μ	Τ	Λ	Ω	Γ	Ι	Ί	Κ	Ι
Ρ	Θ	Η	Υ	Ο	Ξ	Ε	Ά	Β	Π	Ξ	Η	Α	Κ
Α	Μ	Ζ	Μ	Ά	Ζ	Α	Τ	Ό	Ν	Ο	Σ	Τ	Ό
Μ	Ό	Ρ	Υ	Ξ	Ε	Β	Ο	Ρ	Τ	Υ	Λ	Ο	Β
Μ	Σ	Ε	Ξ	Γ	Τ	Ρ	Σ	Σ	Ο	Γ	Ι	Σ	Υ
Ο	Ν	Τ	Ο	Δ	Ί	Ν	Τ	Σ	Α	Γ	Ί	Τ	Ξ
Έ	Ν	Τ	Α	Σ	Η	Ζ	Ν	Ρ	Ξ	Ι	Ο	Ό	Μ
Α	Έ	Β	Δ	Έ	Ψ	Υ	Ω	Σ	Β	Ά	Θ	Ο	Σ
Ψ	Η	Φ	Ι	Ο	Λ	Ε	Ξ	Η	Υ	Δ	Ο	Σ	Τ

EKATOΣTΌ
BAΘMΌΣ
ΔEKAΔIKΌ
ΎΨOΣ
XIΛIΌΓΡΑΜΜΟ
XIΛIΌMETPO
ΠΛΆTOΣ
ΛΊTPO
MΉKOΣ
MΆZA

MΈTPO
ΛEΠTΌ
ΨHΦIOΛEΞH
OYΓΓΙΆ
ZYΓΊZΩ
ΊNTΣA
BΆΘOΣ
TΌNOΣ
ΈNTAΣH

1 - Été

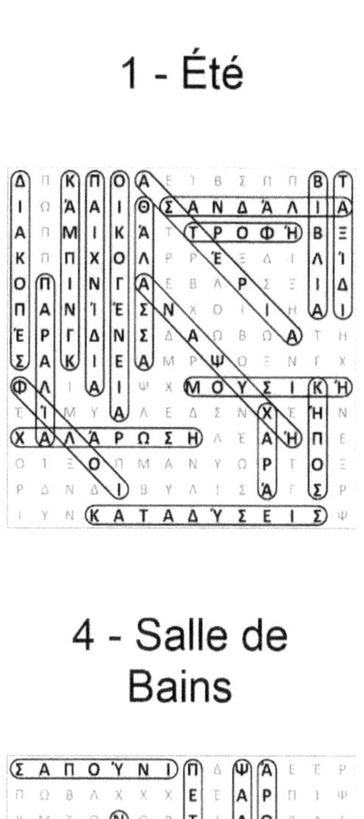

2 - Adjectifs #2

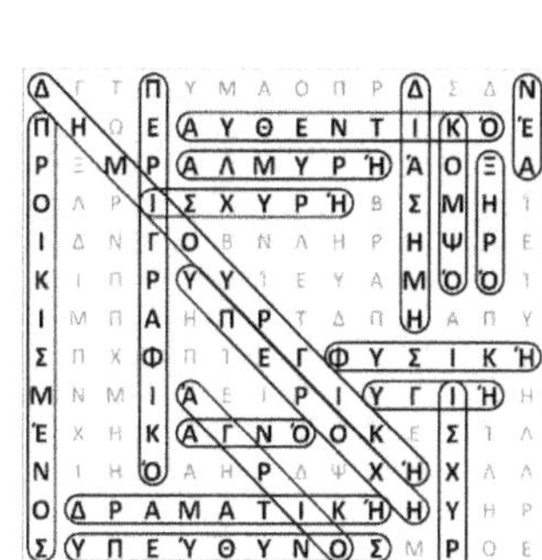

3 - Formes

4 - Salle de Bains

5 - Adjectifs #1

6 - Instruments de Musique

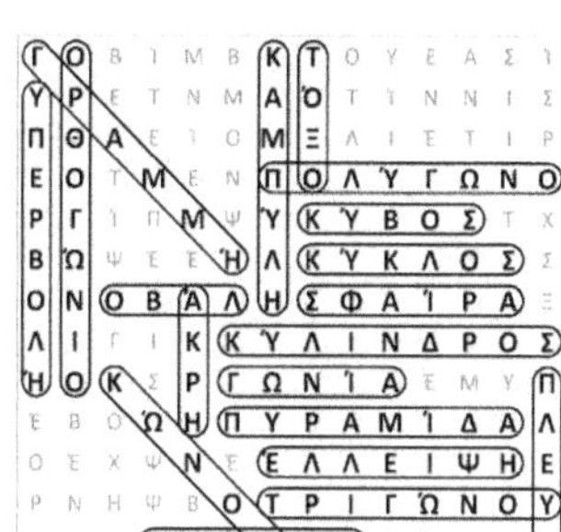

7 - Échecs

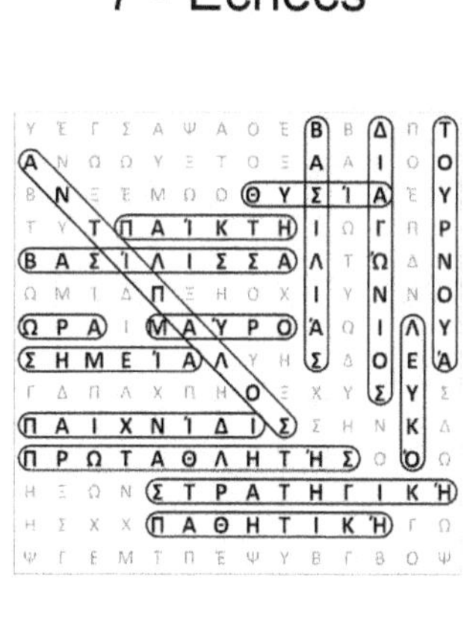

8 - Herboristerie

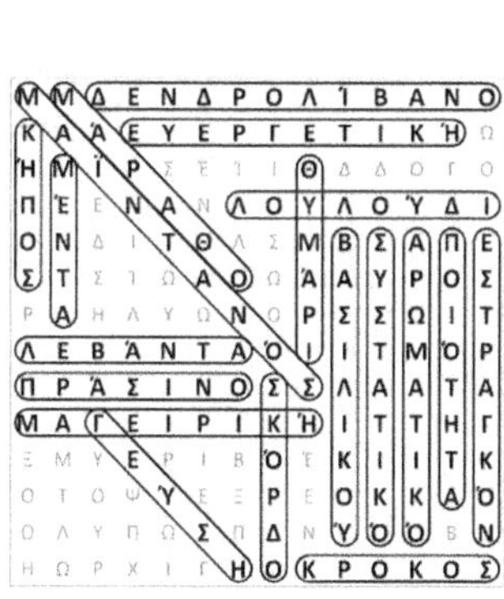

9 - Véhicules

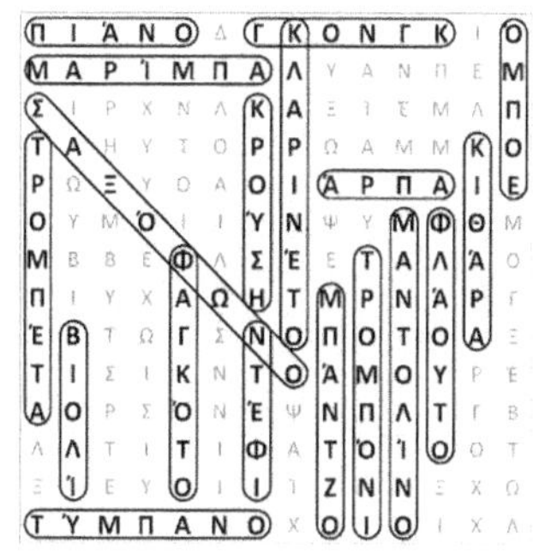

10 - Camping

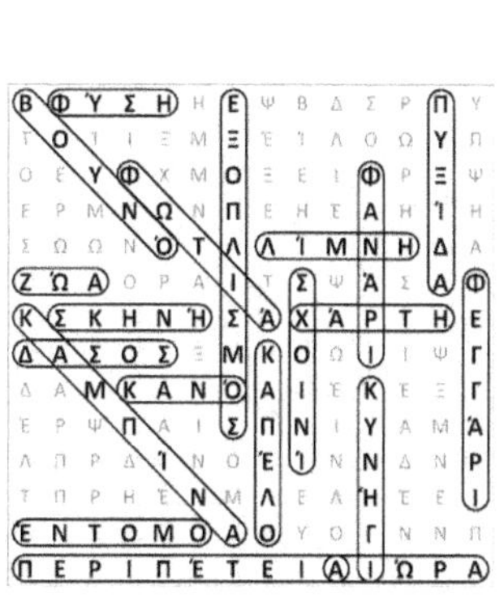

11 - Écologie

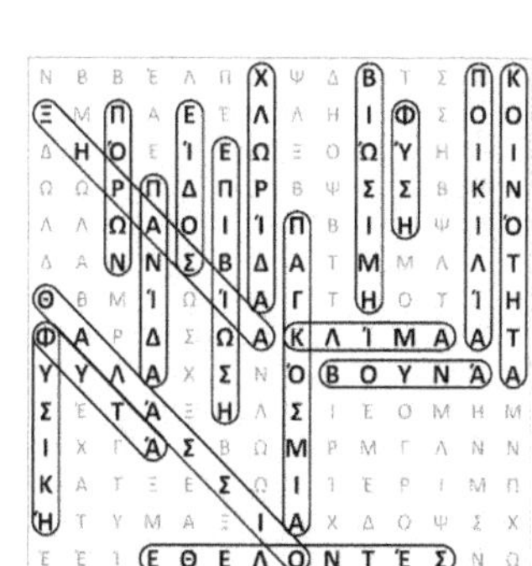

12 - Astronomie

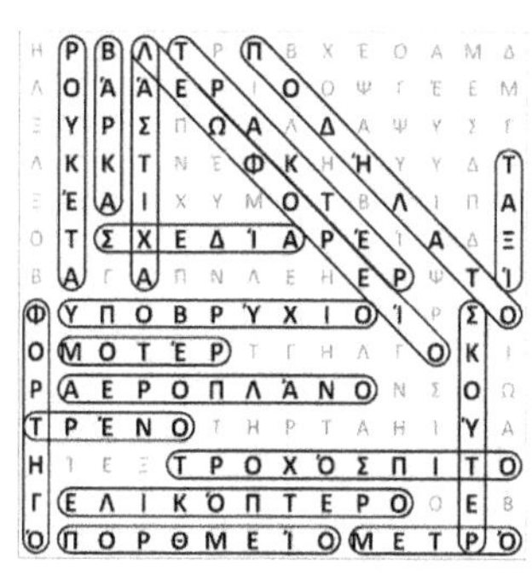

13 - Types de Cheveux

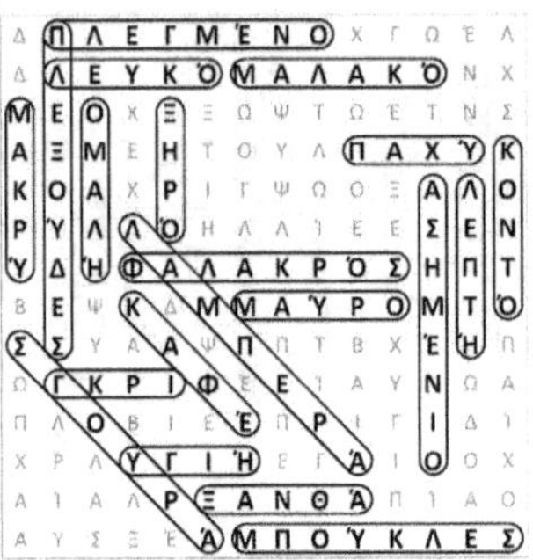

14 - Restaurant #1

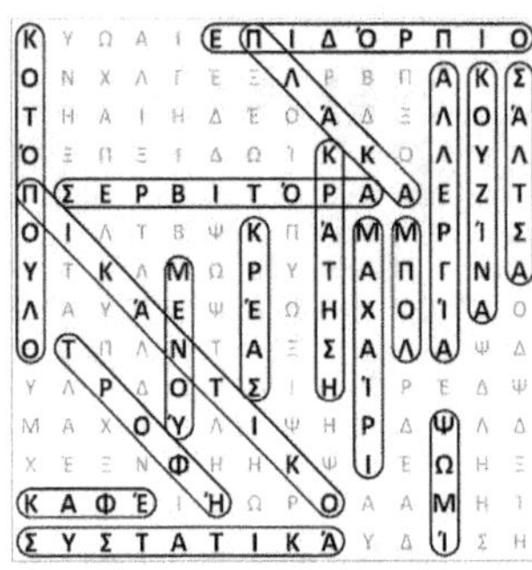

15 - Mammifères

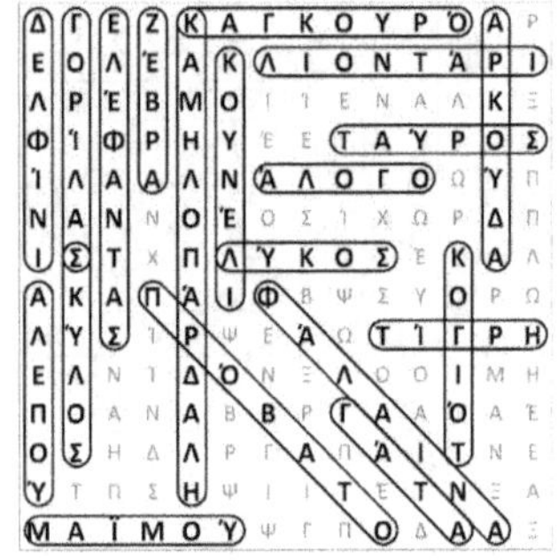

16 - Sports

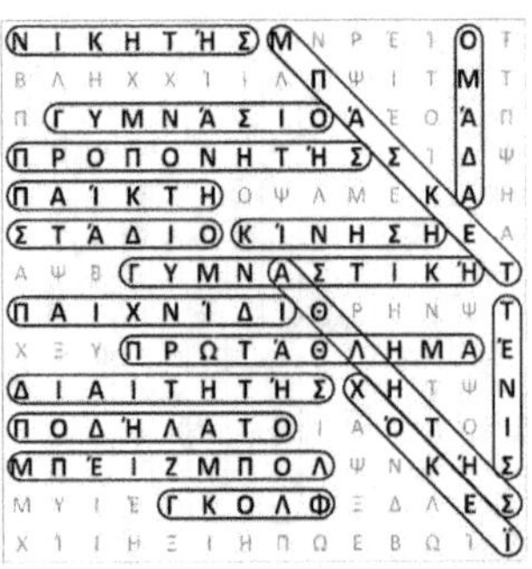

17 - Chocolat

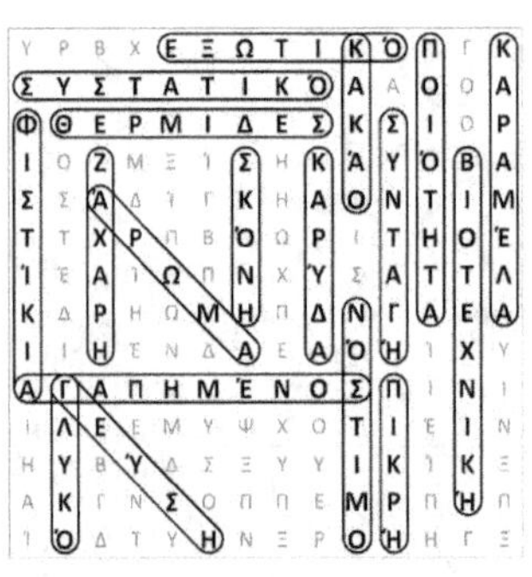

18 - Mathématiques

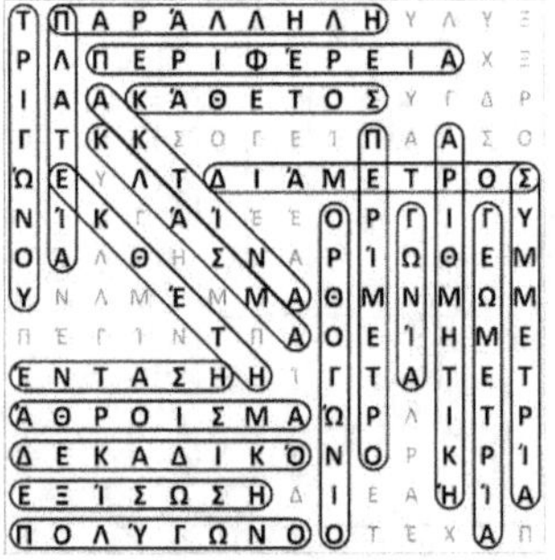

19 - Mythologie

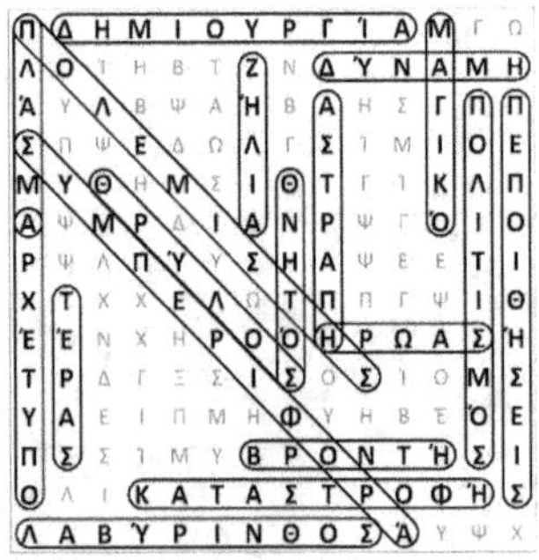

20 - Restaurant #2

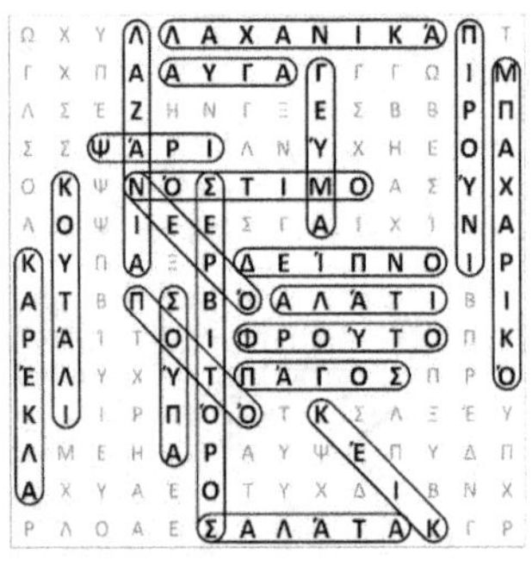

21 - Couleurs

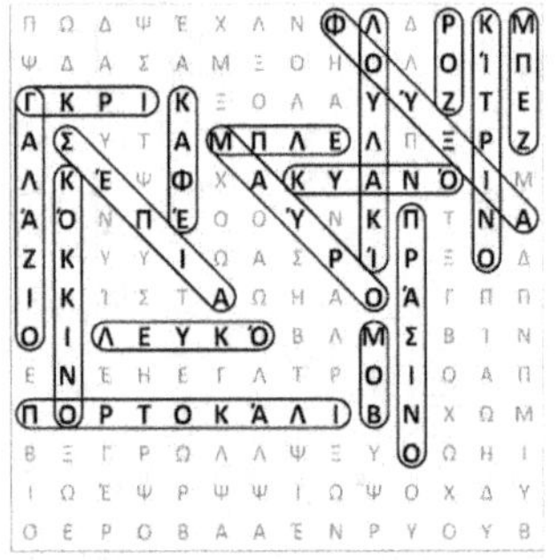

22 - Avions

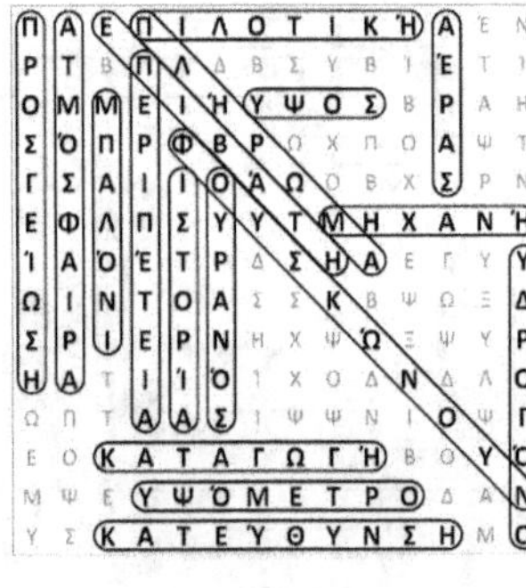

23 - Aventure

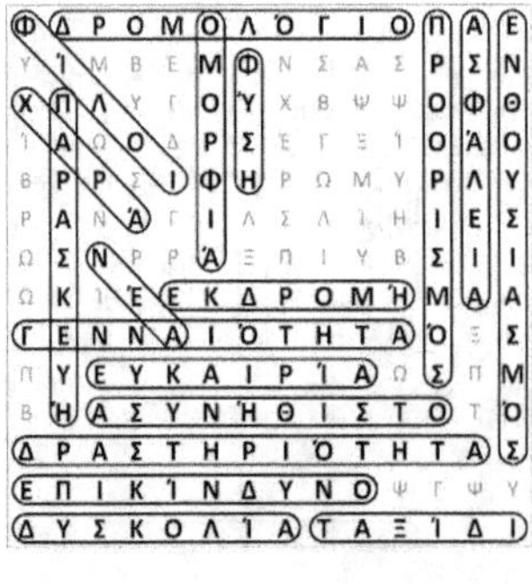

24 - Ville

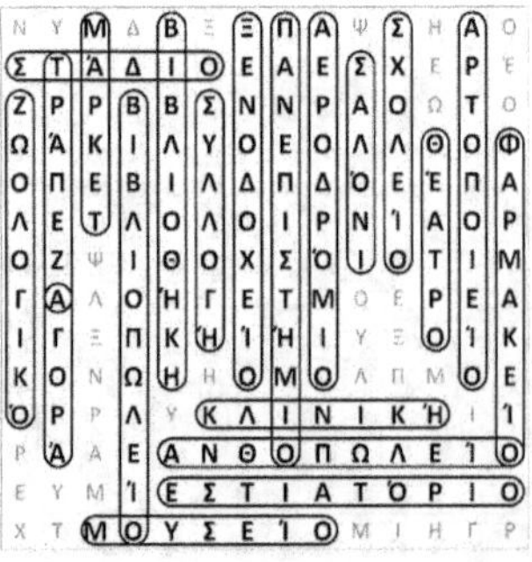

25 - Cuisine

26 - Corps Humain

27 - Épices

28 - Science

29 - Chats

30 - Vêtements

31 - Arts Visuels

32 - Méditation

33 - Littérature

34 - Nourriture #1

35 - Jours et Mois

36 - Championnat

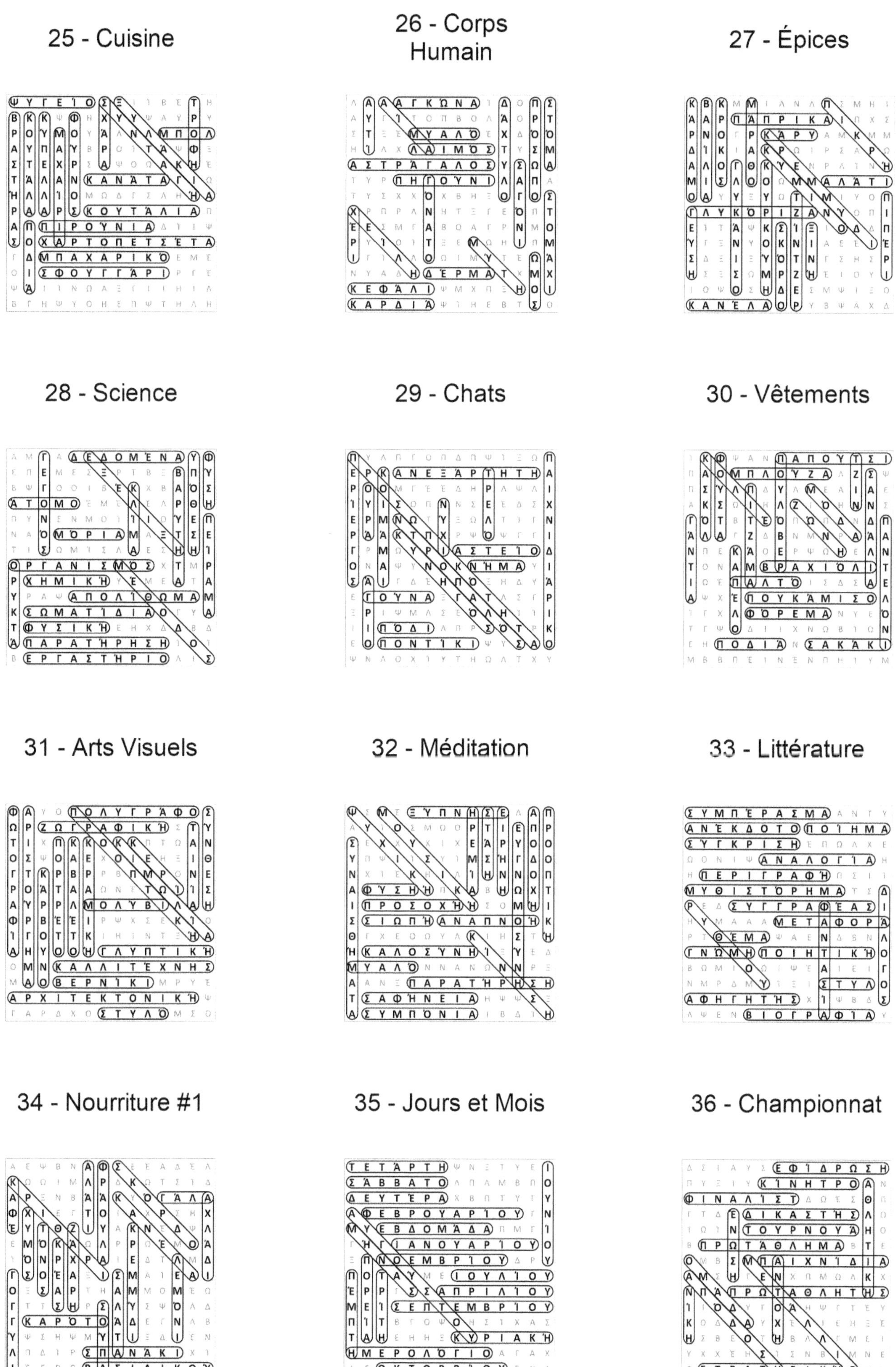

37 - Pirates

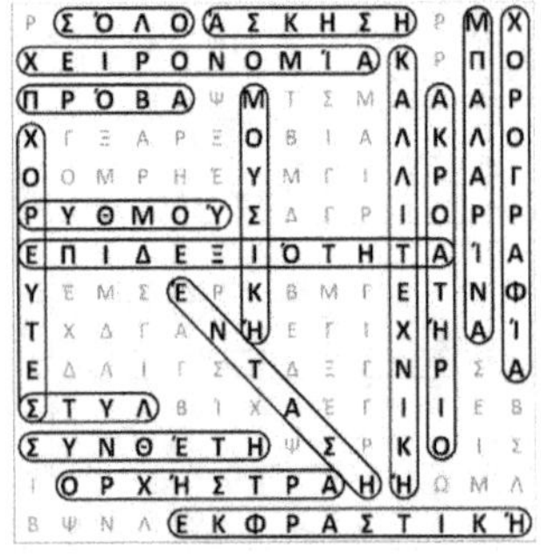

38 - Activités

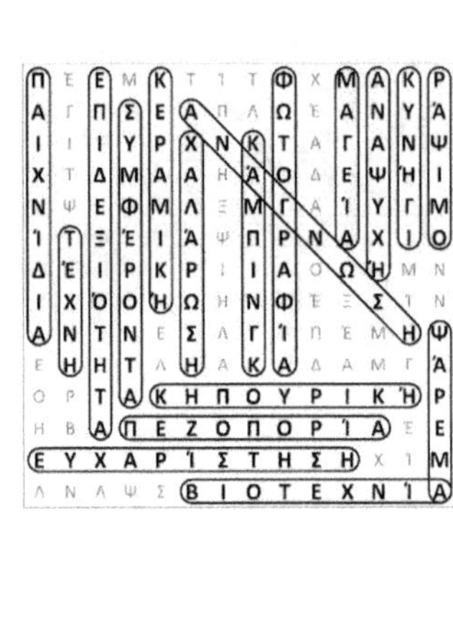

39 - Fleurs

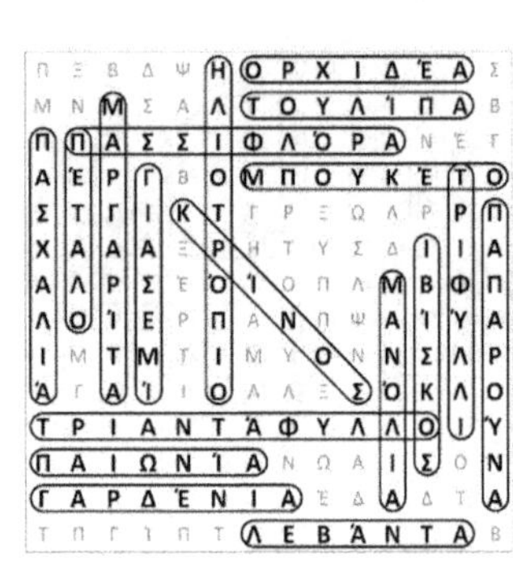

40 - Nourriture #2

41 - Océan

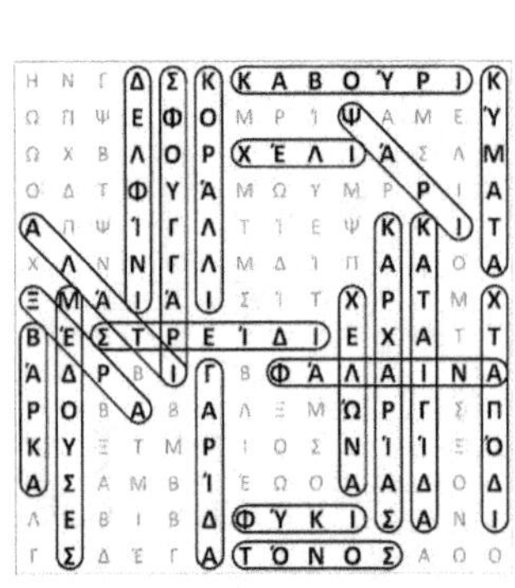

42 - Remplir

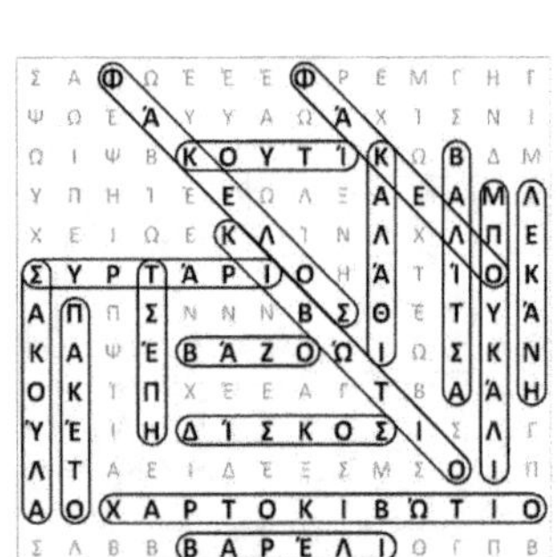

43 - Ballet

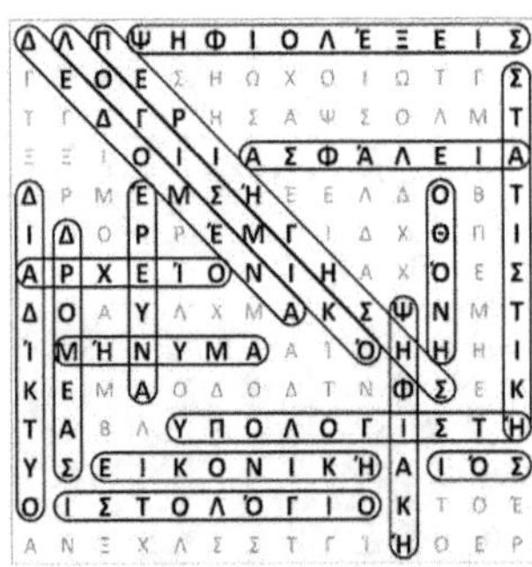

44 - Fruit

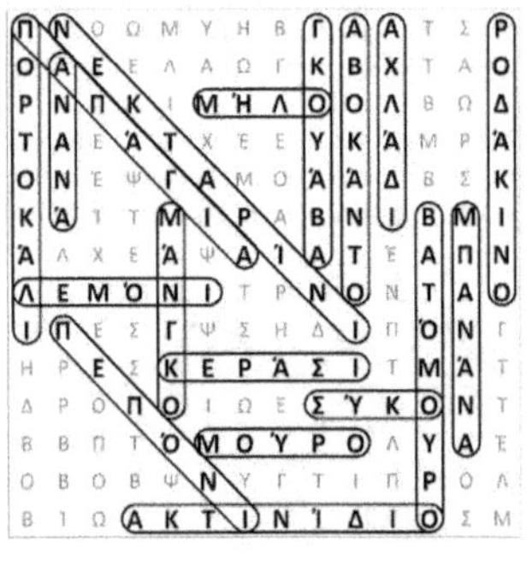

45 - Surf

46 - Technologie

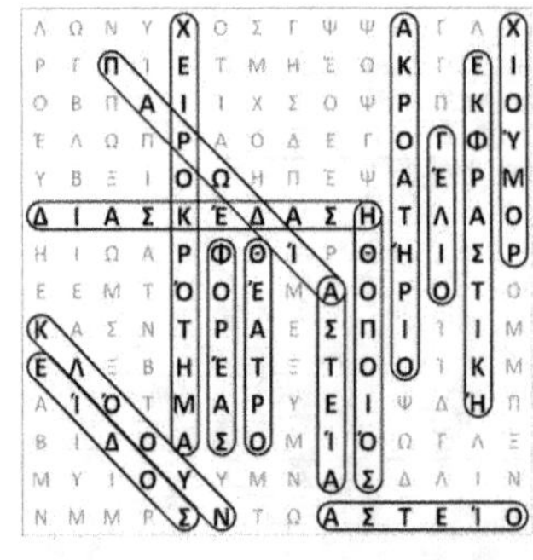

47 - Comédie

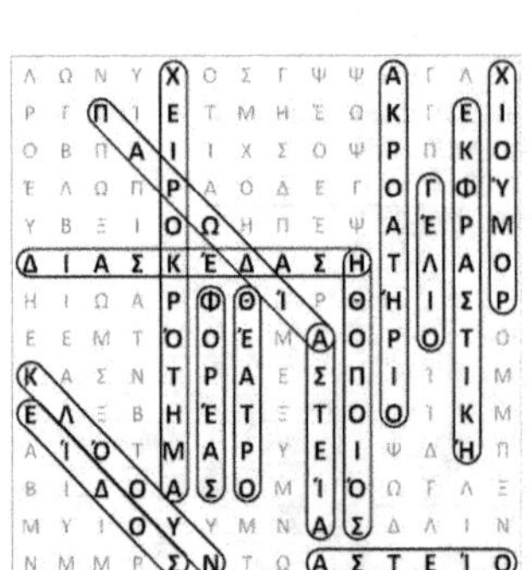

48 - Météo

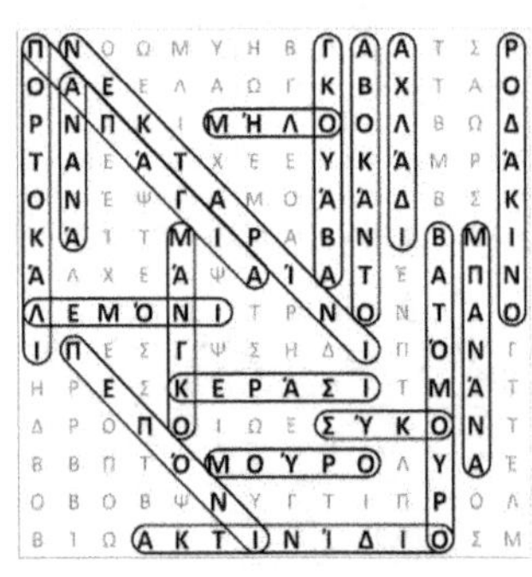

49 - Châteaux
50 - Randonnée
51 - Meubles
52 - Art
53 - Nutrition
54 - Science Fiction
55 - Vertus #1
56 - Professions #1
57 - Géologie
58 - Cirque
59 - Jardin
60 - Barbecues

61 - Anniversaire

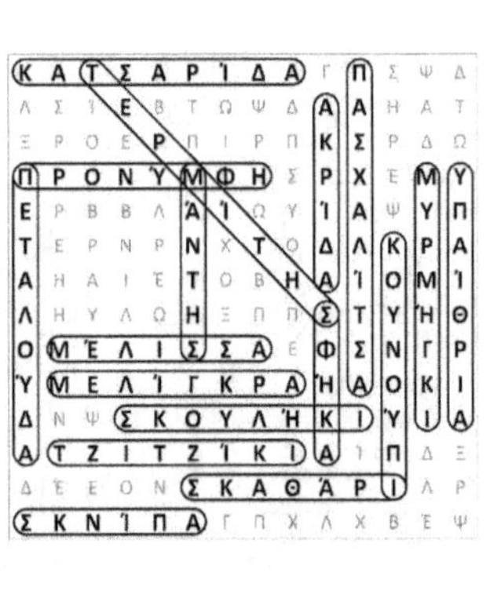

62 - Animaux de Compagnie

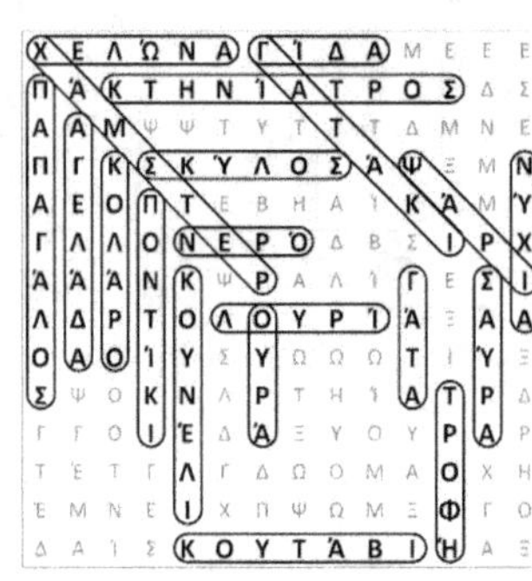

63 - Forêt Tropicale

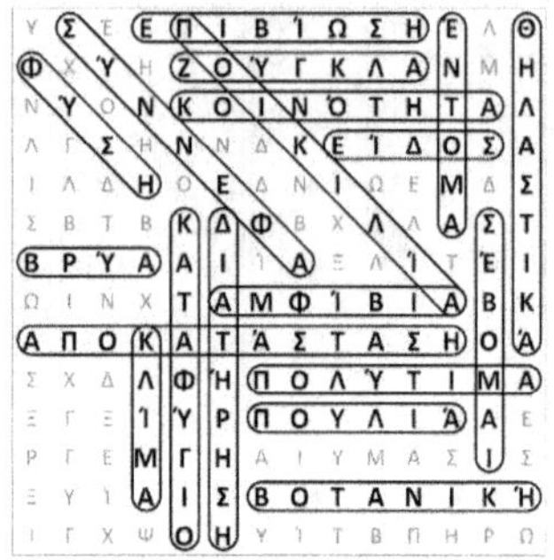

64 - Insectes

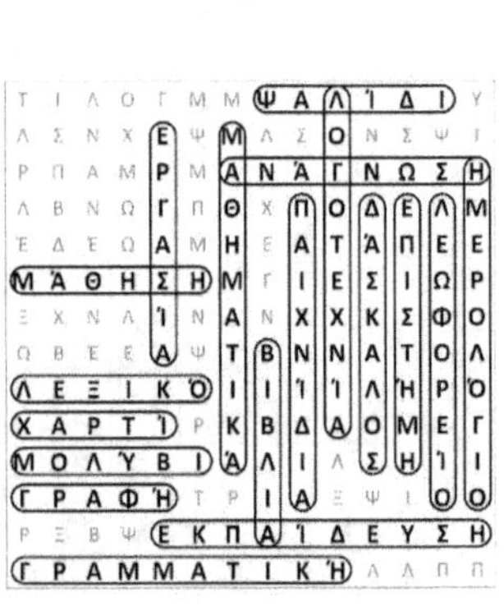

65 - Ferme #1

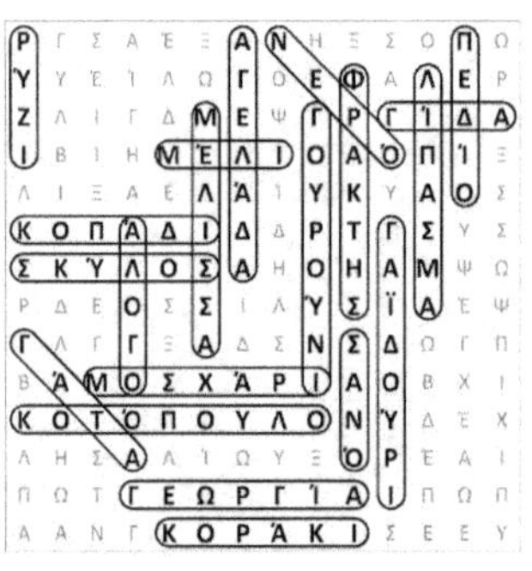

66 - Escalade

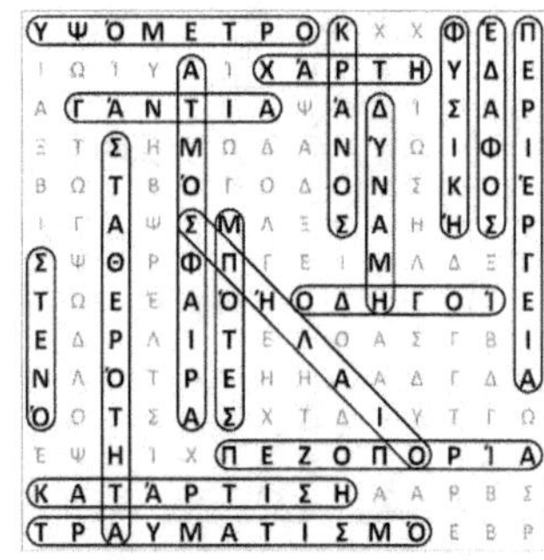

67 - École #2

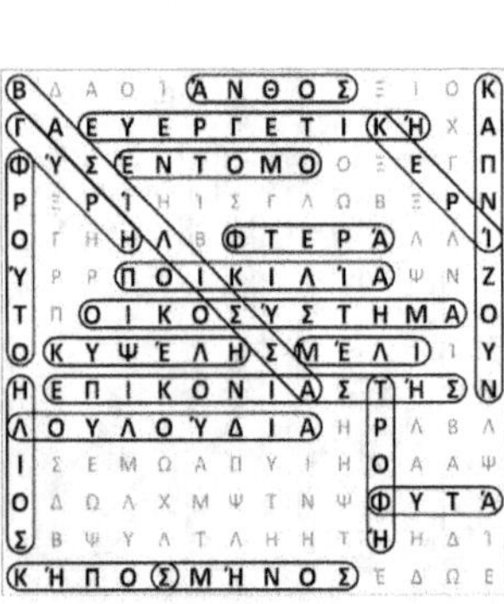

68 - Antarctique

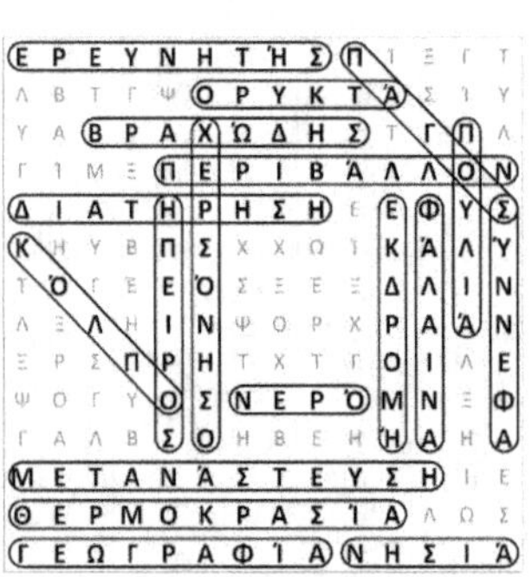

69 - Professions #2

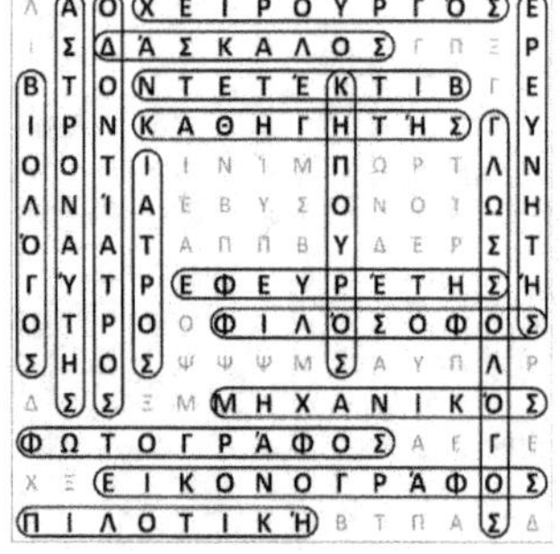

70 - Les Abeilles

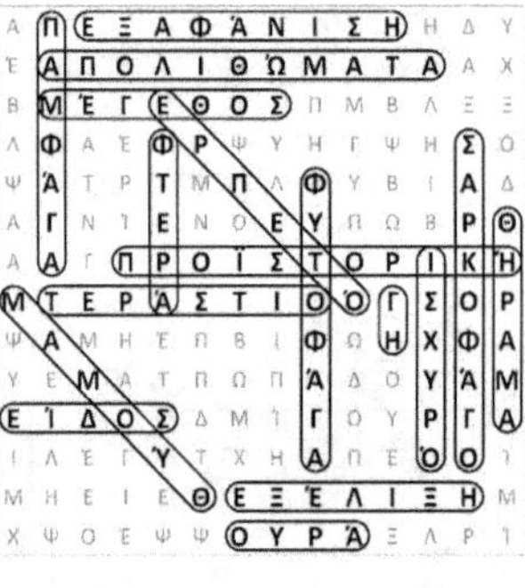

71 - Dinosaures

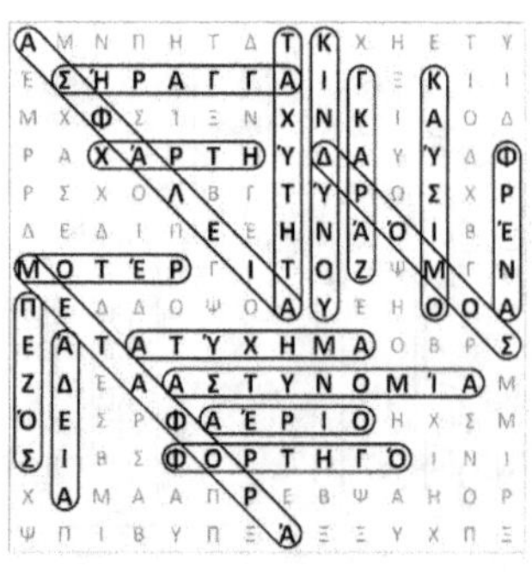

72 - Conduite

73 - Plantes

74 - Ferme #2

75 - École #1

76 - Vacances #2

77 - Temps

78 - Maison

79 - Légumes

80 - Plage

81 - Vacances #1

82 - Famille

83 - Oiseaux

84 - Disciplines Scientifiques

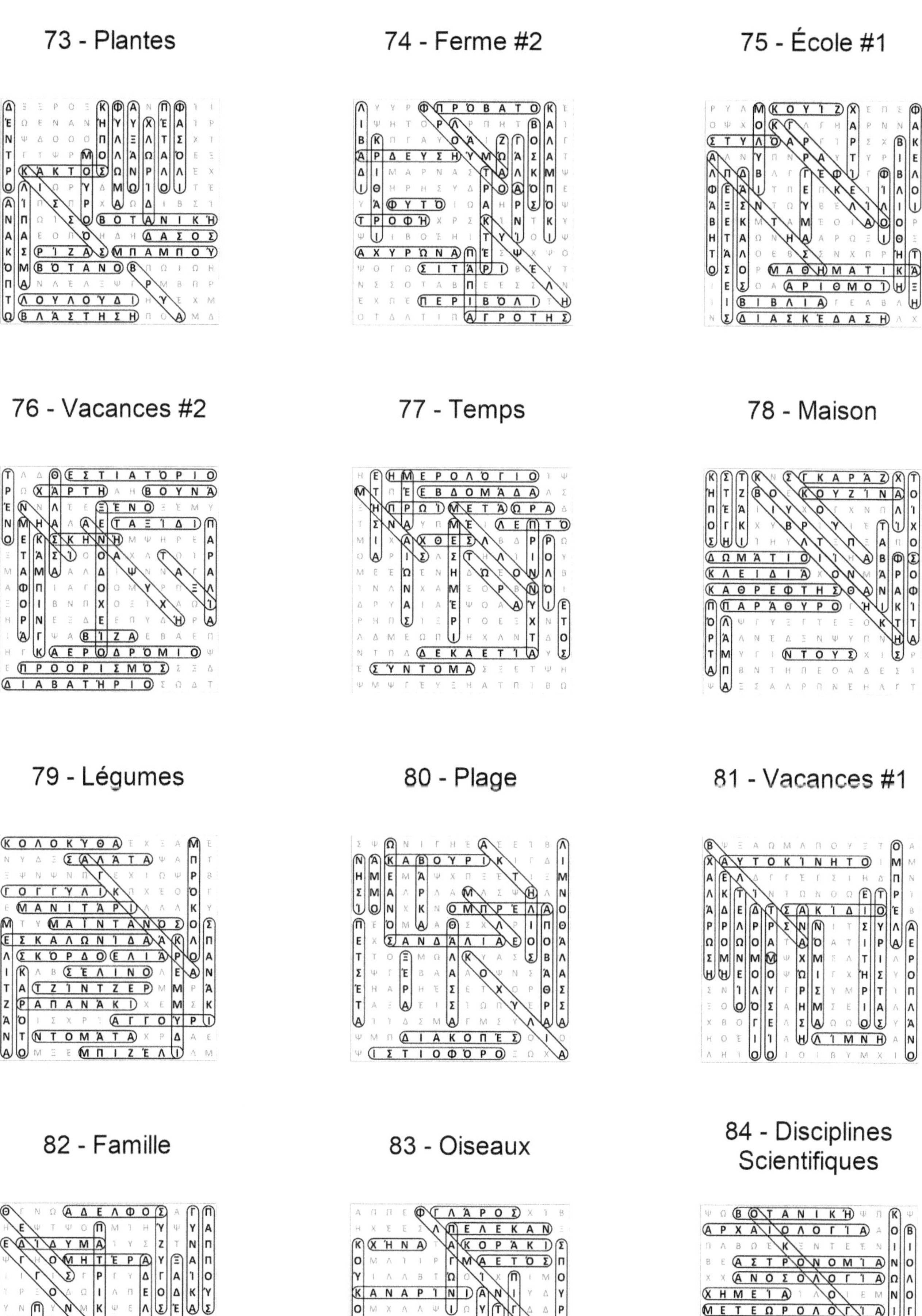

85 - Émotions

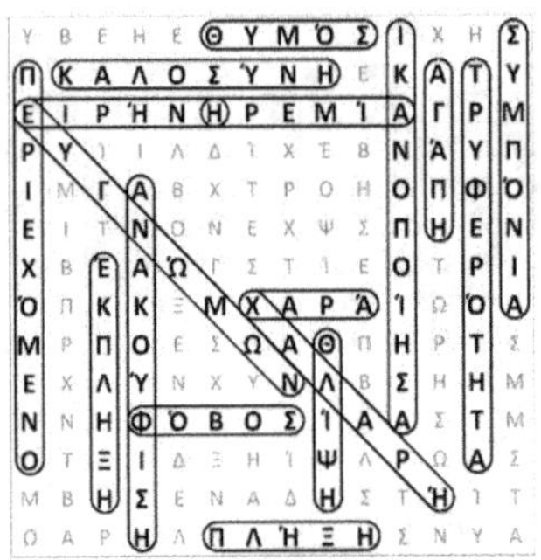

86 - Géographie

87 - Danse

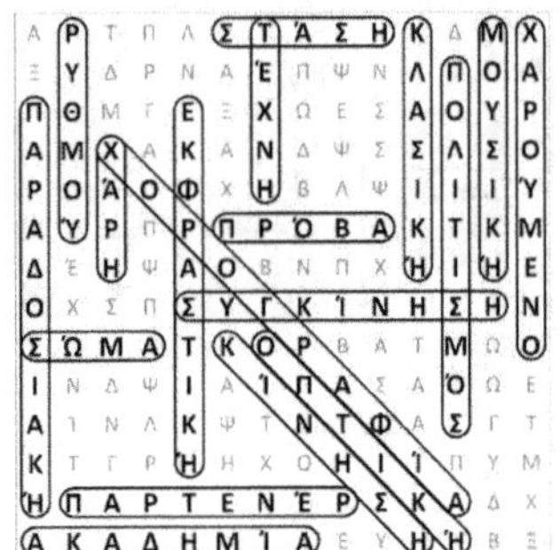

88 - Bâtiments

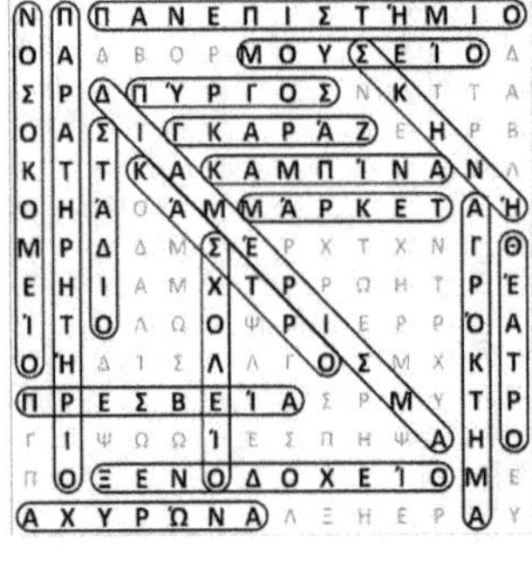

89 - Pêche

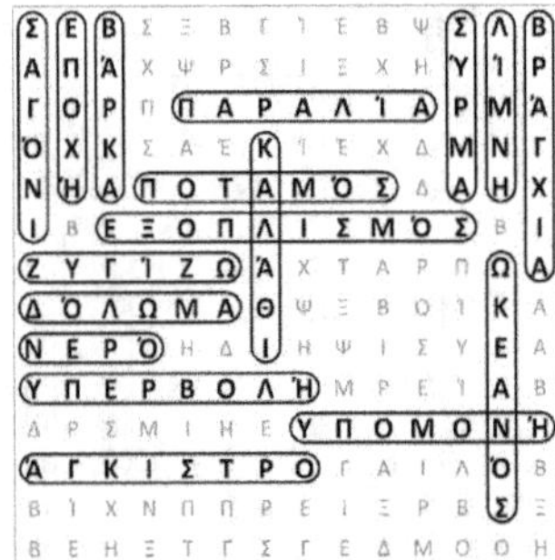

90 - Activités et Loisirs

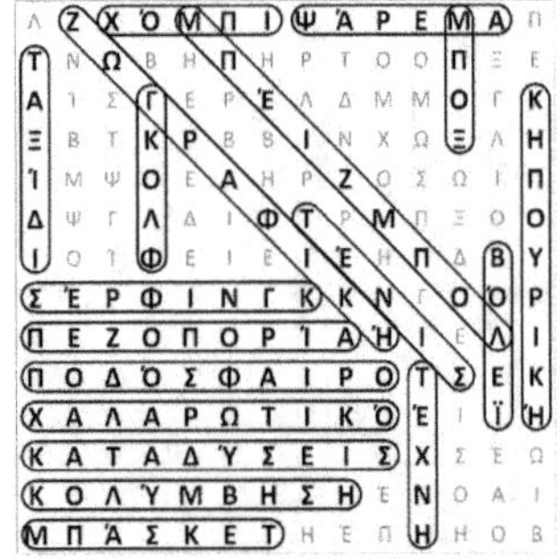

91 - Livres

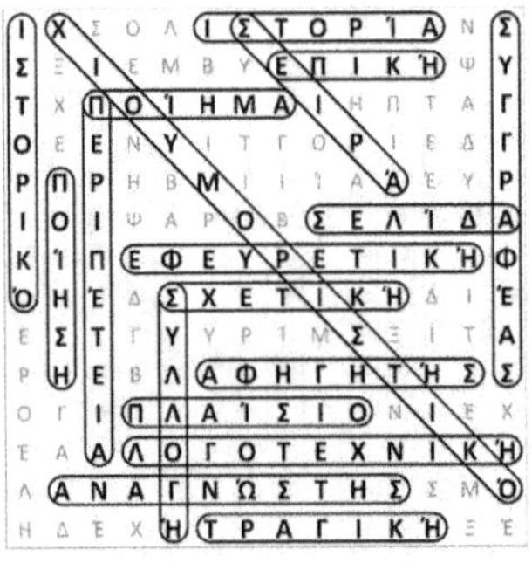

92 - Pays #2

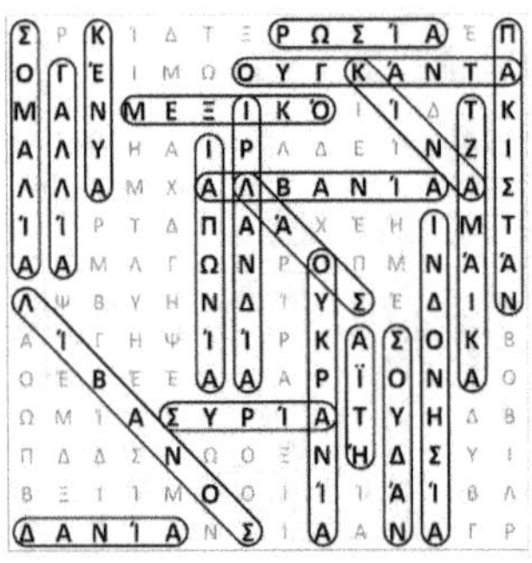

93 - Fournitures d'Art

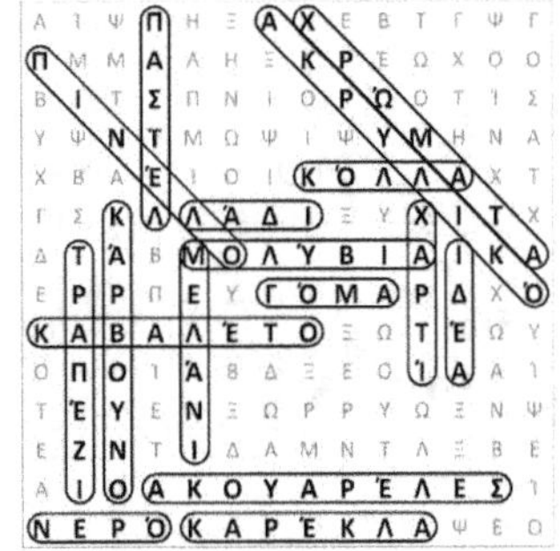

94 - Jouets

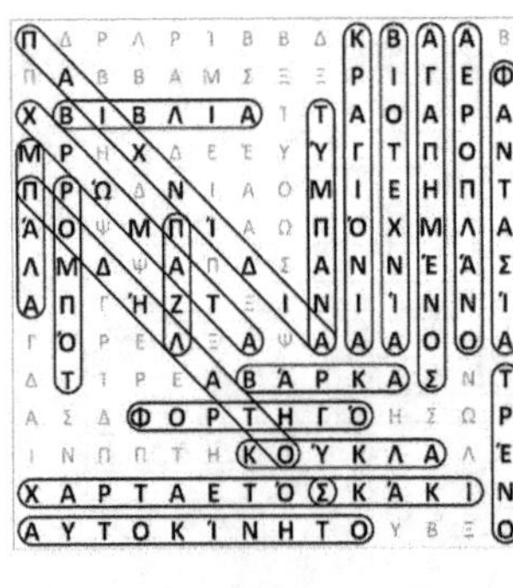

95 - Eau

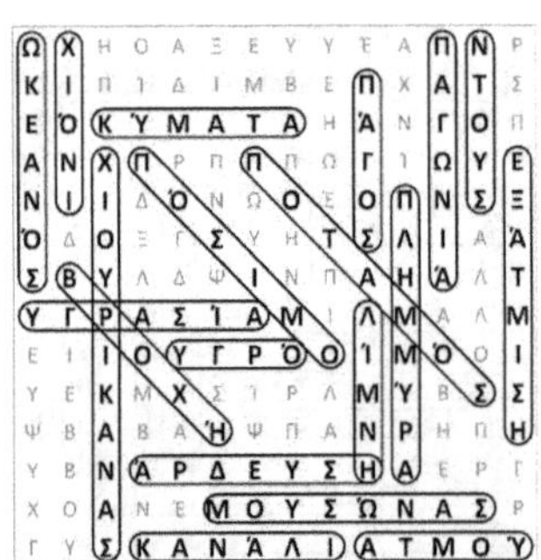

96 - Paysages

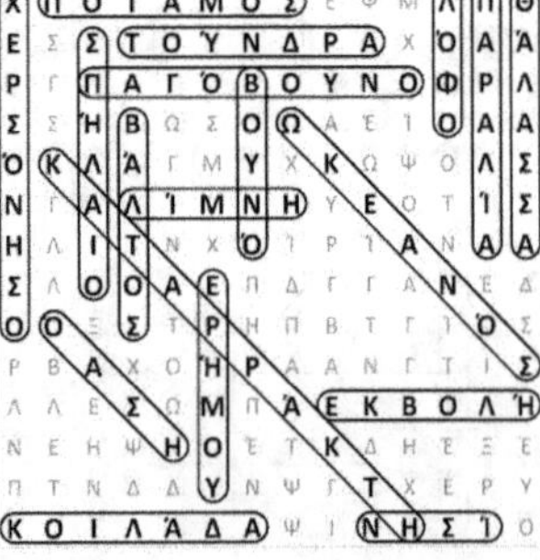

97 - Nombres

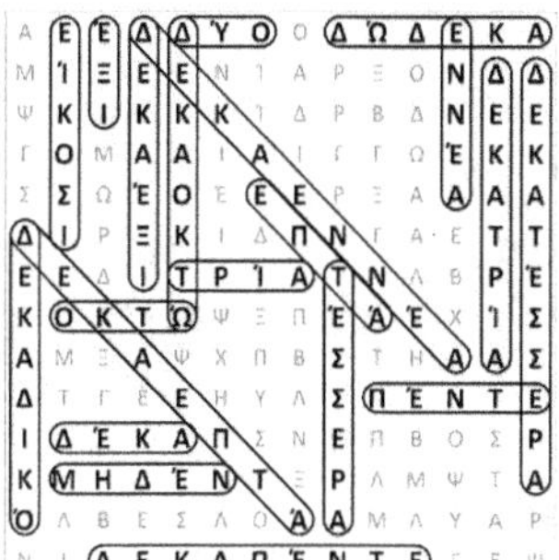

98 - Nature

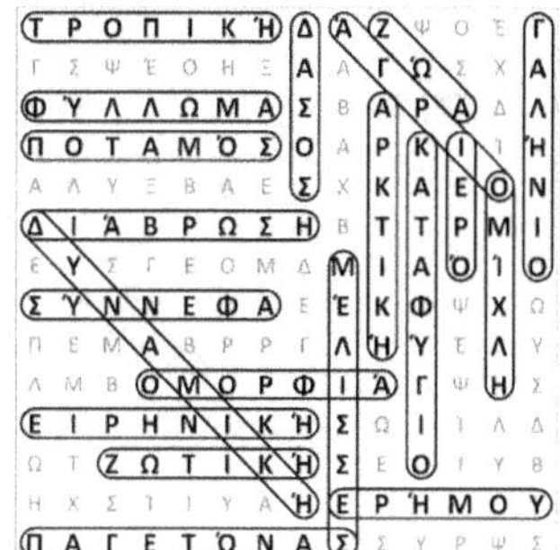

99 - Bateaux

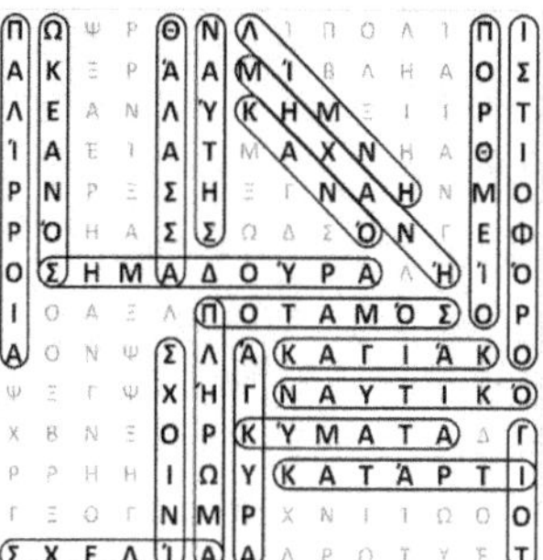

100 - Mesures

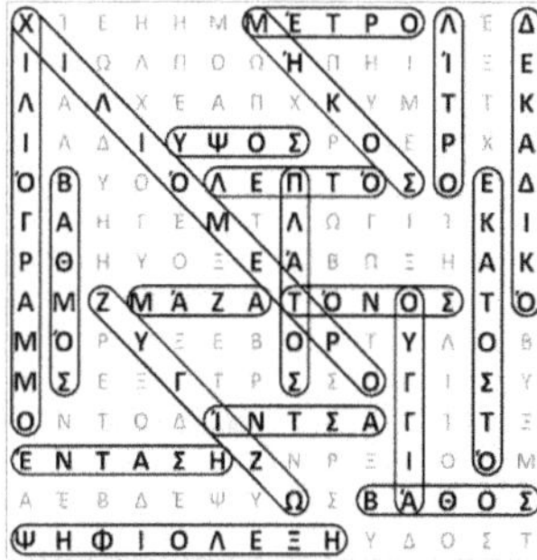

Dictionnaire

Activités
Δραστηριότητες

Activité	Δραστηριότητα
Art	Τέχνη
Artisanat	Βιοτεχνία
Camping	Κάμπινγκ
Céramique	Κεραμική
Chasse	Κυνήγι
Compétence	Επιδεξιότητα
Couture	Ράψιμο
Intérêts	Συμφέροντα
Jardinage	Κηπουρική
Jeux	Παιχνίδια
Lecture	Ανάγνωση
Loisir	Αναψυχή
Magie	Μαγεία
Peinture	Ζωγραφική
Pêche	Ψάρεμα
Photographie	Φωτογραφία
Plaisir	Ευχαρίστηση
Randonnée	Πεζοπορία
Relaxation	Χαλάρωση

Activités et Loisirs
Δραστηριότητες και Αναψυχή

Art	Τέχνη
Base-Ball	Μπέιζμπολ
Basket-Ball	Μπάσκετ
Boxe	Μποξ
Camping	Κάμπινγκ
Football	Ποδόσφαιρο
Golf	Γκολφ
Jardinage	Κηπουρική
Nager	Κολύμβηση
Passe-Temps	Χόμπι
Peinture	Ζωγραφική
Pêche	Ψάρεμα
Plongée	Καταδύσεις
Randonnée	Πεζοπορία
Relaxant	Χαλαρωτικό
Surf	Σέρφινγκ
Tennis	Τένισ
Volley-Ball	Βόλεϊ
Voyage	Ταξίδι

Adjectifs #1
Επίθετα #1

Absolu	Απόλυτη
Actif	Ενεργή
Ambitieux	Φιλόδοξο
Aromatique	Αρωματικό
Artistique	Καλλιτεχνική
Attractif	Ελκυστικό
Beau	Όμορφη
Exotique	Εξωτικό
Énorme	Τεράστιο
Fantastique	Φανταστικό
Généreux	Γενναιόδωρη
Identique	Ίδια
Important	Σημαντικό
Innocent	Αθώοσ
Lent	Αργή
Lourd	Βαριά
Mince	Λεπτή
Moderne	Μοντέρνο
Parfait	Τέλειο
Utile	Χρήσιμη

Adjectifs #2
Επίθετα #2

Authentique	Αυθεντικό
Célèbre	Διάσημη
Créatif	Δημιουργική
Descriptif	Περιγραφικό
Doué	Προικισμένοσ
Dramatique	Δραματική
Élégant	Κομψό
Fier	Υπεροχη
Fort	Ισχυρή
Intéressant	Ενδιαφέρον
Naturel	Φυσική
Nouveau	Νέα
Productif	Παραγωγική
Puissant	Ισχυρό
Pur	Αγνό
Responsable	Υπεύθυνοσ
Sain	Υγιή
Salé	Αλμυρή
Sauvage	Άγριο
Sec	Ξηρό

Animaux de Compagnie
Κατοικίδια

Chat	Γάτα
Chaton	Γατάκι
Chèvre	Γίδα
Chien	Σκύλοσ
Chiot	Κουτάβι
Collier	Κολάρο
Eau	Νερό
Griffes	Νύχια
Hamster	Χάμστερ
Laisse	Λουρί
Lapin	Κουνέλι
Lézard	Σαύρα
Nourriture	Τροφή
Perroquet	Παπαγάλοσ
Poisson	Ψάρι
Queue	Ουρά
Souris	Ποντίκι
Tortue	Χελώνα
Vache	Αγελάδα
Vétérinaire	Κτηνίατροσ

Anniversaire
Γενέθλια

Amis	Φίλοι
Amusement	Διασκέδαση
Année	Ετοσ
Bougies	Κερί
Cadeau	Δώρο
Calendrier	Ημερολόγιο
Cartes	Κάρτεσ
Chanson	Τραγούδι
Fête	Γιορτή
Gâteau	Κέικ
Heureux	Ευτυχισμένο
Invitations	Πρόσκληση
Jour	Μέρα
Joyeux	Χαρούμενο
Sagesse	Σοφία
Spécial	Ειδική
Temps	Ώρα

Antarctique
Ανταρκτική

Baie	Κόλπο
Baleines	Φάλαινα
Chercheur	Ερευνητήσ
Conservation	Διατήρηση
Continent	Ήπειροσ
Eau	Νερό
Environnement	Περιβάλλον
Expédition	Εκδρομή
Géographie	Γεωγραφία
Glace	Πάγοσ
Îles	Νησιά
Migration	Μετανάστευση
Minéraux	Ορυκτά
Nuage	Σύννεφα
Oiseaux	Πουλιά
Péninsule	Χερσόνησο
Rocheux	Βραχώδησ
Scientifique	Επιστημονική
Température	Θερμοκρασία
Topographie	Τοπογραφία

Art
Τέχνη

Céramique	Κεραμική
Complexe	Σύνθετη
Composition	Σύνθεση
Créer	Δημιουργώ
Expression	Έκφραση
Humeur	Διάθεση
Inspiré	Εμπνευσμένη
Original	Αρχική
Peintures	Ζωγραφική
Personnel	Προσωπικό
Poésie	Ποίηση
Sculpture	Γλυπτική
Simple	Απλόσ
Sujet	Θέμα
Surréalisme	Σουρεαλισμόσ
Symbole	Σύμβολο
Visuel	Οπτική

Arts Visuels
Εικαστικές Τέχνες

Architecture	Αρχιτεκτονική
Artiste	Καλλιτέχνησ
Céramique	Κεραμική
Charbon	Κάρβουνο
Chef-D'Œuvre	Αριστούργημα
Chevalet	Καβαλέτο
Cire	Κερί
Composition	Σύνθεση
Craie	Κιμωλία
Crayon	Μολύβι
Film	Ταινία
Peinture	Ζωγραφική
Perspective	Προοπτική
Photographie	Φωτογραφία
Pochoir	Πολυγράφο
Portrait	Πορτρέτο
Sculpture	Γλυπτική
Stylo	Στυλό
Vernis	Βερνίκι

Astronomie
Αστρονομία

Astéroïde	Αστεροειδήσ
Astronaute	Αστροναύτησ
Astronome	Αστρονόμοσ
Ciel	Ουρανόσ
Constellation	Αστερισμό
Éclipse	Έκλειψη
Équinoxe	Ισημερία
Fusée	Ρουκέτα
Galaxie	Γαλαξίασ
Lune	Φεγγάρι
Météore	Μετέωρο
Nébuleuse	Νεφέλωμα
Observatoire	Παρατηρητήριο
Planète	Πλανήτησ
Radiation	Ακτινοβολία
Satellite	Δορυφορική
Solaire	Ηλιακή
Supernova	Σουπερνόβα
Terre	Γη
Univers	Σύμπαν

Aventure
Περιπέτεια

Activité	Δραστηριότητα
Amis	Φίλοι
Beauté	Ομορφιά
Bravoure	Γενναιότητα
Chance	Ευκαιρία
Dangereux	Επικίνδυνο
Destination	Προορισμόσ
Difficulté	Δυσκολία
Enthousiasme	Ενθουσιασμόσ
Excursion	Εκδρομή
Inhabituel	Ασυνήθιστο
Itinéraire	Δρομολόγιο
Joie	Χαρά
Nature	Φύση
Navigation	Πλοήγηση
Nouveau	Νέα
Préparation	Παρασκευή
Sécurité	Ασφάλεια
Voyages	Ταξίδι

Avions
Αεροπλάνα

Air	Αέρασ
Altitude	Υψόμετρο
Atmosphère	Ατμόσφαιρα
Atterrissage	Προσγείωση
Aventure	Περιπέτεια
Ballon	Μπαλόνι
Carburant	Καύσιμο
Ciel	Ουρανόσ
Construction	Κατασκευή
Descente	Καταγωγή
Direction	Κατεύθυνση
Équipage	Πλήρωμα
Gonfler	Φουσκώνουν
Hauteur	Υψοσ
Histoire	Ιστορία
Hydrogène	Υδρογόνο
Moteur	Μηχανή
Passager	Επιβάτη
Pilote	Πιλοτική
Turbulence	Αναταραχή

Ballet
Μπαλέτο

Applaudissement	Χειροκρότημα
Artistique	Καλλιτεχνική
Ballerine	Μπαλαρίνα
Chorégraphie	Χορογραφία
Compétence	Επιδεξιότητα
Compositeur	Συνθέτη
Danseurs	Χορευτεσ
Expressif	Εκφραστική
Geste	Χειρονομία
Intensité	Ένταση
Musique	Μουσική
Orchestre	Ορχήστρα
Pratique	Άσκηση
Public	Ακροατήριο
Répétition	Πρόβα
Rythme	Ρυθμού
Solo	Σόλο
Style	Στυλ
Technique	Τεχνική

Barbecues
Μπάρμπεκιου

Chaud	Ζεστό
Couteaux	Μαχαίρια
Déjeuner	Γεύμα
Dîner	Δείπνο
Enfants	Παιδί
Été	Καλοκαίρι
Faim	Πείνα
Famille	Οικογένεια
Fruit	Φρούτο
Gril	Σχάρα
Jeux	Παιχνίδια
Légumes	Λαχανικά
Musique	Μουσική
Oignons	Κρεμμύδια
Poivre	Πιπέρι
Poulet	Κοτόπουλο
Salades	Σαλάτα
Sauce	Σάλτσα
Sel	Αλάτι
Tomates	Ντομάτα

Bateaux
Σκάφη

Ancre	Άγκυρα
Bouée	Σημαδούρα
Canoë	Κανό
Corde	Σχοινί
Équipage	Πλήρωμα
Ferry	Πορθμείο
Fleuve	Ποταμός
Kayak	Καγιάκ
Lac	Λίμνη
Marée	Παλίρροια
Marin	Ναύτησ
Mât	Κατάρτι
Mer	Θάλασσα
Moteur	Μηχανή
Nautique	Ναυτικό
Océan	Ωκεανός
Radeau	Σχεδία
Vagues	Κύματα
Voilier	Ιστιοφόρο
Yacht	Γιοτ

Bâtiments
Κτίρια

Ambassade	Πρεσβεία
Appartement	Διαμέρισμα
Cabine	Καμπίνα
Château	Κάστρο
École	Σχολείο
Ferme	Αγρόκτημα
Garage	Γκαράζ
Grange	Αχυρώνα
Hôpital	Νοσοκομείο
Hôtel	Ξενοδοχείο
Laboratoire	Εργαστήριο
Musée	Μουσείο
Observatoire	Παρατηρητήριο
Stade	Στάδιο
Supermarché	Μάρκετ
Tente	Σκηνή
Théâtre	Θέατρο
Tour	Πύργοσ
Université	Πανεπιστήμιο
Usine	Εργοστάσιο

Camping
Κατασκήνωση

Animaux	Ζώα
Aventure	Περιπέτεια
Boussole	Πυξίδα
Cabine	Καμπίνα
Canoë	Κανό
Carte	Χάρτη
Chapeau	Καπέλο
Chasse	Κυνήγι
Corde	Σχοινί
Équipement	Εξοπλισμόσ
Feu	Φωτιά
Forêt	Δασοσ
Hamac	Αιώρα
Insecte	Έντομο
Lac	Λίμνη
Lanterne	Φανάρι
Lune	Φεγγάρι
Montagne	Βουνό
Nature	Φύση
Tente	Σκηνή

Championnat
Πρωτάθλημα

Champion	Πρωταθλητήσ
Championnat	Πρωτάθλημα
Endurance	Αντοχή
Entraîneur	Προπονητήσ
Équipe	Ομάδα
Finaliste	Φιναλίστ
Jeux	Παιχνίδια
Juge	Δικαστήσ
Ligue	Ένωση
Médaille	Μετάλλιο
Motivation	Κίνητρο
Performance	Απόδοση
Sports	Αθλητική
Stratégie	Στρατηγική
Tournoi	Τουρνουά
Transpiration	Εφίδρωση
Victoire	Νίκη

Chats
Γάτες

Chasseur	Κυνηγόσ
Curieux	Περίεργοσ
Dormir	Κοιμάμαι
Drôle	Αστείο
Espiègle	Παιχνιδιάρικο
Fil	Νήμα
Fou	Τρελό,
Fourrure	Γούνα
Griffe	Νύχι
Indépendant	Ανεξάρτητη
Patte	Πόδι
Personnalité	Προσωπικότητα
Queue	Ουρά
Sauvage	Άγριο
Souris	Ποντίκι
Timide	Ντροπαλόσ

Châteaux
Κάστρα

Armure	Πανοπλία
Bouclier	Ασπίδα
Catapulte	Καταπέλτησ
Cheval	Άλογο
Chevalier	Ιππότησ
Couronne	Στέμμα
Dragon	Δράκοσ
Dynastie	Δυναστεία
Empire	Αυτοκρατορία
Épée	Σπαθί
Féodal	Φεουδαρχική
Forteresse	Φρούριο
Fossé	Τάφροσ
Mur	Τοίχοσ
Noble	Ευγενήσ
Palais	Παλάτι
Prince	Πρίγκιπασ
Princesse	Πριγκίπισσα
Royaume	Βασίλειο
Tour	Πύργοσ

Chocolat
Σοκολάτα

Amer	Πικρή
Arôme	Άρωμα
Artisanal	Βιοτεχνική
Cacahuètes	Φιστίκια
Cacao	Κακάο
Calories	Θερμιδεσ
Caramel	Καραμέλα
Délicieux	Νόστιμο
Doux	Γλυκό
Exotique	Εξωτικό
Favori	Αγαπημένοσ
Goût	Γεύση
Ingrédient	Συστατικό
Noix de Coco	Καρύδα
Poudre	Σκόνη
Qualité	Ποιότητα
Recette	Συνταγή
Sucre	Ζάχαρη

Cirque
Τσίρκο

Acrobate	Ακροβάτησ
Animaux	Ζώα
Astuce	Κόλπο
Ballons	Μπαλόνια
Billet	Εισιτήριο
Bonbon	Καραμέλα
Clown	Κλόουν
Costume	Κοστούμι
Divertir	Διασκεδάσει
Éléphant	Ελέφαντασ
Jongleur	Ζογκλέρ
Lion	Λιοντάρι
Magicien	Μάγοσ
Magie	Μαγεία
Musique	Μουσική
Parade	Παρέλαση
Singe	Μαϊμού
Spectateur	Θεατήσ
Tente	Σκηνή
Tigre	Τίγρη

Comédie
Κωμωδία

Acteur	Φορέασ
Actrice	Ηθοποιόσ
Amusement	Διασκέδαση
Applaudissement	Χειροκρότημα
Blagues	Αστεία
Clowns	Κλόουν
Drôle	Αστείο
Expressif	Εκφραστική
Genre	Είδοσ
Humour	Χιούμορ
Parodie	Παρωδία
Public	Ακροατήριο
Rire	Γέλιο
Télévision	Τηλεόραση
Théâtre	Θέατρο

Conduite
Οδήγηση

Accident	Ατύχημα
Camion	Φορτηγό
Carburant	Καύσιμο
Carte	Χάρτη
Danger	Κινδύνου
Freins	Φρένα
Garage	Γκαράζ
Gaz	Αέριο
Licence	Άδεια
Moteur	Μοτέρ
Moto	Μοτοσυκλέτα
Piéton	Πεζόσ
Police	Αστυνομία
Route	Δρόμοσ
Sécurité	Ασφάλεια
Trafic	Κυκλοφορία
Transport	Μεταφορά
Tunnel	Σήραγγα
Vitesse	Ταχύτητα
Voiture	Αυτοκίνητο

Corps Humain
Ανθρώπινο Σώμα

Bouche	Στόμα
Cerveau	Μυαλό
Cheville	Αστράγαλος
Cou	Λαιμός
Coude	Αγκώνα
Cœur	Καρδιά
Doigt	Δάχτυλο
Estomac	Στομάχι
Épaule	Ώμος
Genou	Γόνατο
Lèvres	Χείλη
Main	Χέρι
Mâchoire	Σαγόνι
Menton	Πηγούνι
Nez	Μύτη
Oreille	Αυτί
Peau	Δέρμα
Sang	Αίμα
Tête	Κεφάλι
Visage	Πρόσωπο

Couleurs
Χρώματα

Azur	Γαλάζιο
Beige	Μπεζ
Blanc	Λευκό
Bleu	Μπλε
Cyan	Κυανό
Fuchsia	Φούξια
Gris	Γκρι
Indigo	Λουλακί
Jaune	Κίτρινο
Marron	Καφέ
Noir	Μαύρο
Orange	Πορτοκάλι
Rose	Ροζ
Rouge	Κόκκινο
Sépia	Σέπια
Vert	Πράσινο
Violet	Μοβ

Cuisine
Κουζίνα

Baguettes	Ξυλάκια
Bol	Μπολ
Bouilloire	Βραστήρας
Couteaux	Μαχαίρια
Cruche	Κανάτα
Cuillères	Κουτάλια
Épices	Μπαχαρικό
Éponge	Σφουγγάρι
Four	Φούρνος
Fourchettes	Πιρούνια
Gril	Σχάρα
Louche	Κουτάλα
Nourriture	Τροφή
Recette	Συνταγή
Réfrigérateur	Ψυγείο
Serviette	Χαρτοπετσέτα
Tablier	Ποδιά
Tasses	Κύπελλα

Danse
Χορός

Académie	Ακαδημία
Art	Τέχνη
Chorégraphie	Χορογραφία
Classique	Κλασική
Corps	Σώμα
Culture	Πολιτισμός
Culturel	Πολιτιστική
Expressif	Εκφραστική
Émotion	Συγκίνηση
Grâce	Χάρη
Joyeux	Χαρούμενο
Mouvement	Κίνηση
Musique	Μουσική
Partenaire	Παρτενέρ
Posture	Στάση
Répétition	Πρόβα
Rythme	Ρυθμού
Traditionnel	Παραδοσιακή
Visuel	Οπτική

Dinosaures
Δεινόσαυροι

Ailes	Φτερά
Carnivore	Σαρκοφάγο
Disparition	Εξαφάνιση
Espèce	Είδος
Énorme	Τεράστιο
Évolution	Εξέλιξη
Fossiles	Απολιθώματα
Herbivore	Φυτοφάγα
Mammouth	Μαμούθ
Omnivore	Παμφάγα
Préhistorique	Προϊστορική
Proie	Θήραμα
Puissant	Ισχυρό
Queue	Ουρά
Rapace	Αρπακτικό
Reptile	Ερπετό
Taille	Μέγεθος
Terre	Γη

Disciplines Scientifiques
Επιστημονικοί Κλάδοι

Anatomie	Ανατομία
Archéologie	Αρχαιολογία
Astronomie	Αστρονομία
Biochimie	Βιοχημεία
Biologie	Βιολογία
Botanique	Βοτανική
Chimie	Χημεία
Écologie	Οικολογία
Géologie	Γεωλογία
Immunologie	Ανοσολογία
Linguistique	Γλωσσολογία
Mécanique	Μηχανική
Météorologie	Μετεωρολογία
Minéralogie	Ορυκτολογία
Neurologie	Νευρολογία
Physiologie	Φυσιολογία
Psychologie	Ψυχολογία
Sociologie	Κοινωνιολογία
Thermodynamique	Θερμοδυναμική
Zoologie	Ζωολογία

Eau
Νερό

Canal	Κανάλι
Douche	Ντουσ
Évaporation	Εξάτμιση
Fleuve	Ποταμόσ
Gel	Παγωνιά
Glace	Πάγοσ
Humide	Υγρό
Humidité	Υγρασία
Inondation	Πλημμύρα
Irrigation	Άρδευση
Lac	Λίμνη
Mousson	Μουσώνασ
Neige	Χιόνι
Océan	Ωκεανόσ
Ouragan	Χιουρικανασ
Pluie	Βροχή
Potable	Πόσιμο
Vagues	Κύματα
Vapeur	Ατμού

Escalade
Αναρρίχηση

Altitude	Υψόμετρο
Atmosphère	Ατμόσφαιρα
Blessure	Τραυματισμό
Bottes	Μπότεσ
Carte	Χάρτη
Casque	Κράνοσ
Curiosité	Περιέργεια
Étroit	Στενό
Force	Δύναμη
Formation	Κατάρτιση
Gants	Γάντια
Grotte	Σπήλαιο
Guides	Οδηγοί
Physique	Φυσική
Randonnée	Πεζοπορία
Stabilité	Σταθερότητα
Terrain	Έδαφοσ

Échecs
Σκάκι

Adversaire	Αντίπαλοσ
Blanc	Λευκό
Champion	Πρωταθλητήσ
Diagonal	Διαγώνιοσ
Jeu	Παιχνίδι
Joueur	Παίκτη
Noir	Μαύρο
Passif	Παθητική
Points	Σημεία
Reine	Βασίλισσα
Roi	Βασιλιάσ
Sacrifice	Θυσία
Stratégie	Στρατηγική
Temps	Ώρα
Tournoi	Τουρνουά

École #1
Σχολείο #1

Alphabet	Αλφάβητο
Amis	Φίλοι
Amusement	Διασκέδαση
Bibliothèque	Βιβλιοθήκη
Bureau	Γραφείο
Chaise	Καρέκλα
Crayon	Μολύβι
Des Stylos	Στυλό
Déjeuner	Γεύμα
Dossiers	Φακελοι
Enseignant	Δάσκαλοσ
Examens	Εξετάσεισ
Livres	Βιβλια
Math	Μαθηματικά
Nombres	Αριθμοί
Papier	Χαρτί
Quiz	Κουίζ
Réponses	Απάντηση
Salle de Classe	Τάξη

École #2
Σχολείο #2

Apprentissage	Μάθηση
Bibliothèque	Βιβλιοθήκη
Bus	Λεωφορείο
Calendrier	Ημερολόγιο
Ciseaux	Ψαλίδι
Crayon	Μολύβι
Devoirs	Εργασία
Dictionnaire	Λεξικό
Enseignant	Δάσκαλοσ
Écriture	Γραφή
Éducation	Εκπαίδευση
Grammaire	Γραμματική
Jeux	Παιχνίδια
Lecture	Ανάγνωση
Littérature	Λογοτεχνία
Livres	Βιβλια
Math	Μαθηματικά
Ordinateur	Υπολογιστή
Papier	Χαρτί
Science	Επιστήμη

Écologie
Οικολογία

Bénévoles	Εθελοντέσ
Climat	Κλίμα
Communautés	Κοινότητα
Diversité	Ποικιλία
Durable	Βιώσιμη
Espèce	Είδοσ
Faune	Πανίδα
Flore	Χλωρίδα
Global	Παγκόσμια
Marin	Θαλάσσιο
Montagnes	Βουνά
Nature	Φύση
Naturel	Φυσική
Plantes	Φυτά
Ressources	Πόρων
Sécheresse	Ξηρασία
Survie	Επιβίωση
Végétation	Βλάστηση

Émotions
Συναισθήματα

Amour	Αγάπη
Calme	Ηρεμία
Colère	Θυμόσ
Contenu	Περιεχόμενο
Détendu	Χαλαρή
Ennui	Πλήξη
Gentillesse	Καλοσύνη
Joie	Χαρά
Paix	Ειρήνη
Peur	Φόβοσ
Reconnaissant	Ευγνώμων
Relief	Ανακούφιση
Satisfait	Ικανοποίησα
Surprise	Έκπληξη
Sympathie	Συμπόνια
Tendresse	Τρυφερότητα
Tristesse	Θλίψη

Épices
Μπαχαρικά

Aigre	Ξινή
Ail	Σκόρδο
Amer	Πικρή
Anis	Γλυκάνισο
Cannelle	Κανέλα
Cardamome	Κάρδαμο
Cumin	Κύμινο
Curcuma	Κουρκούμη
Curry	Κάρυ
Fenouil	Μάραθο
Gingembre	Τζίντζερ
Muscade	Μοσχοκάρυδο
Oignon	Κρεμμύδι
Paprika	Πάπρικα
Poivre	Πιπέρι
Réglisse	Γλυκόριζα
Safran	Κροκοσ
Saveur	Γεύση
Sel	Αλάτι
Vanille	Βανίλια

Été
Καλοκαίρι

Amis	Φίλοι
Camping	Κάμπινγκ
Étoiles	Αστέρια
Famille	Οικογένεια
Jardin	Κήποσ
Jeux	Παιχνίδια
Joie	Χαρά
Livres	Βιβλία
Loisir	Αναψυχή
Mer	Θάλασσα
Musique	Μουσική
Nourriture	Τροφή
Plage	Παραλία
Plongée	Καταδύσεισ
Relaxation	Χαλάρωση
Sandales	Σανδάλια
Vacances	Διακοπέσ
Voyage	Ταξίδι

Famille
Οικογένεια

Ancêtre	Πρόγονοσ
Cousin	Ξαδέρφη
Enfant	Παιδί
Femme	Γυναίκα
Fille	Κόρη
Frère	Αδελφοσ
Grand-Mère	Γιαγιά
Grand-Père	Παππούσ
Jumeaux	Δίδυμα
Mari	Σύζυγος
Maternel	Μητρική
Mère	Μητέρα
Neveu	Ανιψιόσ
Nièce	Ανιψιά
Oncle	Θείοσ
Paternel	Πατρική
Petit-Fils	Εγγονόσ
Père	Πατέρασ
Soeur	Αδελφή
Tante	Θεία

Ferme #1
Αγρόκτημα #1

Abeille	Μέλισσα
Agriculture	Γεωργία
Âne	Γαϊδούρι
Champ	Πεδίο
Chat	Γάτα
Cheval	Άλογο
Chèvre	Γίδα
Chien	Σκύλοσ
Clôture	Φρακτησ
Cochon	Γουρούνι
Corbeau	Κοράκι
Eau	Νερό
Engrais	Λίπασμα
Foin	Σανό
Miel	Μέλι
Poulet	Κοτόπουλο
Riz	Ρύζι
Troupeau	Κοπάδι
Vache	Αγελάδα
Veau	Μοσχάρι

Ferme #2
Αγρόκτημα #2

Agneau	Αρνί
Agriculteur	Αγροτησ
Animaux	Ζώα
Berger	Βοσκόσ
Blé	Σιτάρι
Canard	Πάπια
Fruit	Φρούτο
Grange	Αχυρώνα
Irrigation	Άρδευση
Lait	Γάλα
Lama	Λάμα
Légume	Φυτό
Maïs	Καλαμπόκι
Mouton	Πρόβατο
Nourriture	Τροφή
Orge	Κριθάρι
Pré	Λιβάδι
Ruche	Κυψέλη
Tracteur	Τρακτέρ
Verger	Περιβόλι

Fleurs
Λουλούδια

Bouquet	Μπουκέτο
Gardénia	Γαρδένια
Hibiscus	Ιβίσκοσ
Jasmin	Γιασεμί
Lavande	Λεβάντα
Lilas	Πασχαλιά
Lys	Κρίνοσ
Magnolia	Μανόλια
Marguerite	Μαργαρίτα
Orchidée	Ορχιδέα
Passiflore	Πασσιφλόρα
Pavot	Παπαρούνα
Pétale	Πέταλο
Pissenlit	Πικραλίδα
Pivoine	Παιωνία
Rose	Τριαντάφυλλο
Tournesol	Ηλιοτρόπιο
Trèfle	Τριφύλλι
Tulipe	Τουλίπα

Forêt Tropicale
Τροπικό Δάσος

Amphibiens	Αμφίβια
Botanique	Βοτανική
Climat	Κλίμα
Communauté	Κοινότητα
Diversité	Ποικιλία
Espèce	Είδοσ
Insectes	Έντομα
Jungle	Ζούγκλα
Mammifères	Θηλαστικά
Mousse	Βρύα
Nature	Φύση
Nuage	Σύννεφα
Oiseaux	Πουλιά
Précieux	Πολύτιμα
Préservation	Διατήρηση
Refuge	Καταφύγιο
Respect	Σέβομαι
Restauration	Αποκατάσταση
Survie	Επιβίωση

Formes
Σχήματα

Arc	Τόξο
Bords	Άκρη
Carré	Πλατεία
Cercle	Κύκλος
Coin	Γωνία
Courbe	Καμπύλη
Cône	Κώνοσ
Côté	Πλευρά
Cube	Κύβοσ
Cylindre	Κύλινδροσ
Ellipse	Έλλειψη
Hyperbole	Υπερβολή
Ligne	Γραμμή
Ovale	Οβάλ
Polygone	Πολύγωνο
Prisme	Πρίσμα
Pyramide	Πυραμίδα
Rectangle	Ορθογώνιο
Sphère	Σφαίρα
Triangle	Τριγώνου

Fournitures d'Art
Είδη Τέχνης

Acrylique	Ακρυλικό
Aquarelles	Ακουαρέλεσ
Brosses	Πινέλο
Chaise	Καρέκλα
Charbon	Κάρβουνο
Chevalet	Καβαλέτο
Colle	Κόλλα
Couleurs	Χρώματα
Crayons	Μολύβια
Eau	Νερό
Encre	Μελάνι
Gomme	Γόμα
Huile	Λάδι
Idées	Ιδέα
Papier	Χαρτί
Pastels	Παστέλ
Table	Τραπέζι

Fruit
Φρούτα

Abricot	Βερίκοκο
Ananas	Ανανά
Avocat	Αβοκάντο
Baie	Μούρο
Banane	Μπανάνα
Cerise	Κεράσι
Citron	Λεμόνι
Figue	Σύκο
Framboise	Βατόμουρο
Goyave	Γκουάβα
Kiwi	Ακτινίδιο
Mangue	Μάνγκο
Melon	Πεπόνι
Nectarine	Νεκταρίνι
Orange	Πορτοκάλι
Papaye	Παπάγια
Pêche	Ροδάκινο
Poire	Αχλάδι
Pomme	Μήλο
Raisin	Σταφύλι

Géographie
Γεωγραφία

Altitude	Υψόμετρο
Atlas	Άτλαντα
Carte	Χάρτη
Continent	Ήπειροσ
Fleuve	Ποταμόσ
Hémisphère	Ημισφαίριο
Île	Νησί
Longitude	Γεωγραφικό
Mer	Θάλασσα
Méridien	Μεσημβρινό
Monde	Κόσμο
Montagne	Βουνό
Nord	Βορρά
Océan	Ωκεανόσ
Ouest	Δύση
Pays	Χώρα
Région	Περιοχή
Sud	Νότια
Territoire	Έδαφοσ
Ville	Πόλη

Géologie
Γεωλογία

Acide	Οξύ
Calcium	Ασβέστιο
Caverne	Σπήλαιο
Continent	Ήπειροσ
Corail	Κοράλλι
Couche	Στρώμα
Cristaux	Κρύσταλλα
Érosion	Διάβρωση
Fondu	Λιωμένο
Fossile	Απολίθωμα
Lave	Λάβα
Minéraux	Ορυκτά
Pierre	Πέτρα
Plateau	Οροπέδιο
Quartz	Χαλαζία
Sel	Αλάτι
Stalactite	Σταλακτίτησ
Stalagmites	Σταλαγμιτεσ
Volcan	Ηφαίστειο
Zone	Ζώνη

Herboristerie
Βοτανολογία

Ail	Σκόρδο
Aromatique	Αρωματικό
Basilic	Βασιλικού
Bénéfique	Ευεργετική
Culinaire	Μαγειρική
Estragon	Εστραγκόν
Fenouil	Μάραθο
Fleur	Λουλούδι
Ingrédient	Συστατικό
Jardin	Κήποσ
Lavande	Λεβάντα
Marjolaine	Μαντζουράνα
Menthe	Μέντα
Persil	Μαϊντανόσ
Qualité	Ποιότητα
Romarin	Δενδρολίβανο
Safran	Κροκοσ
Saveur	Γεύση
Thym	Θυμάρι
Vert	Πράσινο

Insectes
Έντομα

Abeille	Μέλισσα
Cafard	Κατσαρίδα
Cigale	Τζιτζίκι
Coccinelle	Πασχαλίτσα
Fourmi	Μυρμήγκι
Guêpe	Σφήκα
Larve	Προνύμφη
Mante	Μάντησ
Moucheron	Σκνίπα
Moustique	Κουνούπι
Papillon	Πεταλούδα
Puce	Υπαίθρια
Puceron	Μελίγκρα
Sauterelle	Ακρίδα
Scarabée	Σκαθάρι
Termite	Τερμίτησ
Ver	Σκουλήκι

Instruments de Musique
Μουσικά Όργανα

Banjo	Μπάντζο
Basson	Φαγκότο
Clarinette	Κλαρινέτο
Flûte	Φλάουτο
Gong	Γκονγκ
Guitare	Κιθάρα
Harmonica	Φυσαρμόνικα
Harpe	Άρπα
Hautbois	Όμποε
Mandoline	Μαντολίνο
Marimba	Μαρίμπα
Percussion	Κρούση
Piano	Πιάνο
Saxophone	Σαξόφωνο
Tambour	Τύμπανο
Tambourin	Ντέφι
Trombone	Τρομπόνι
Trompette	Τρομπέτα
Violon	Βιολί
Violoncelle	Βιολοντσέλο

Jardin
Κήπος

Arbre	Δέντρο
Banc	Παγκάκι
Clôture	Φρακτησ
Étang	Λίμνη
Fleur	Λουλούδι
Garage	Γκαράζ
Hamac	Αιώρα
Herbe	Γρασίδι
Jardin	Κήποσ
Mauvaises Herbes	Ζιζάνια
Pelle	Φτυάρι
Pelouse	Γκαζόν
Râteau	Τσουγκράνα
Terrasse	Βεράντα
Trampoline	Τραμπολίνο
Tuyau	Σωλήνα
Verger	Περιβόλι
Vigne	Αμπέλι

Jouets
Παιχνίδια

Artisanat	Βιοτεχνία
Avion	Αεροπλάνο
Balle	Μπάλα
Bateau	Βάρκα
Camion	Φορτηγό
Cerf-Volant	Χαρταετός
Crayons	Κραγιόνια
Échecs	Σκάκι
Favori	Αγαπημένοσ
Imagination	Φαντασία
Jeux	Παιχνίδια
Livres	Βιβλία
Peinture	Χρώματα
Poupée	Κούκλα
Puzzle	Παζλ
Robot	Ρομπότ
Tambours	Τύμπανα
Train	Τρένο
Vélo	Ποδήλατο
Voiture	Αυτοκίνητο

Jours et Mois
Ημέρες και Μήνες

Août	Αυγούστου
Avril	Απριλίου
Calendrier	Ημερολόγιο
Dimanche	Κυριακή
Février	Φεβρουαρίου
Janvier	Ιανουαρίου
Jeudi	Πέμπτη
Juillet	Ιουλίου
Juin	Ιουνίου
Lundi	Δευτέρα
Mardi	Τρίτη
Mars	Πορεία
Mercredi	Τετάρτη
Mois	Μήνασ
Novembre	Νοεμβρίου
Octobre	Οκτωβρίου
Samedi	Σάββατο
Semaine	Εβδομάδα
Septembre	Σεπτεμβρίου
Vendredi	Παρασκευή

Les Abeilles
Μέλισσες

Ailes	Φτερά
Bénéfique	Ευεργετική
Cire	Κερί
Diversité	Ποικιλία
Essaim	Σμήνοσ
Écosystème	Οικοσύστημα
Fleur	Άνθοσ
Fleurs	Λουλούδια
Fruit	Φρούτο
Fumée	Καπνίζουν
Insecte	Έντομο
Jardin	Κήποσ
Miel	Μέλι
Nourriture	Τροφή
Plantes	Φυτά
Pollen	Γύρη
Pollinisateur	Επικονιαστήσ
Reine	Βασίλισσα
Ruche	Κυψέλη
Soleil	Ήλιοσ

Légumes
Λαχανικά

Ail	Σκόρδο
Artichaut	Αγκινάρα
Aubergine	Μελιτζάνα
Brocoli	Μπρόκολο
Carotte	Καρότο
Céleri	Σέλινο
Champignon	Μανιτάρι
Citrouille	Κολοκύθα
Concombre	Αγγούρι
Échalote	Εσκαλωνίδα
Épinard	Σπανάκι
Gingembre	Τζίντζερ
Navet	Γογγύλι
Oignon	Κρεμμύδι
Olive	Ελιά
Persil	Μαϊντανόσ
Pois	Μπιζέλι
Radis	Ραπανάκι
Salade	Σαλάτα
Tomate	Ντομάτα

Littérature
Λογοτεχνία

Analogie	Αναλογία
Analyse	Ανάλυση
Anecdote	Ανέκδοτο
Auteur	Συγγραφέασ
Biographie	Βιογραφία
Comparaison	Σύγκριση
Conclusion	Συμπέρασμα
Description	Περιγραφή
Dialogue	Διάλογος
Fiction	Φαντασία
Métaphore	Μεταφορά
Narrateur	Αφηγητήσ
Opinion	Γνώμη
Poème	Ποίημα
Poétique	Ποιητική
Roman	Μυθιστόρημα
Rythme	Ρυθμού
Style	Στυλ
Thème	Θέμα
Tragédie	Τραγωδία

Livres
Βιβλία

Auteur	Συγγραφέασ
Aventure	Περιπέτεια
Collection	Συλλογή
Contexte	Πλαίσιο
Dualité	Δυαδικότητα
Épique	Επική
Histoire	Ιστορία
Historique	Ιστορικό
Humoristique	Χιουμοριστικό
Inventif	Εφευρετική
Lecteur	Αναγνώστησ
Littéraire	Λογοτεχνική
Narrateur	Αφηγητήσ
Page	Σελίδα
Pertinent	Σχετική
Poème	Ποίημα
Poésie	Ποίηση
Roman	Μυθιστόρημα
Série	Σειρά
Tragique	Τραγική

Maison
Σπίτι

Balai	Σκούπα
Bibliothèque	Βιβλιοθήκη
Chambre	Δωμάτιο
Cheminée	Τζάκι
Clés	Κλειδιά
Clôture	Φρακτησ
Cuisine	Κουζίνα
Douche	Ντουσ
Fenêtre	Παράθυρο
Garage	Γκαράζ
Grenier	Σοφίτα
Jardin	Κήποσ
Lampe	Λάμπα
Miroir	Καθρεφτησ
Mur	Τοίχοσ
Plafond	Ταβάνι
Porte	Πόρτα
Rideaux	Κουρτίνα
Tapis	Χαλί
Toit	Στέγη

Mammifères
Θηλαστικά

Baleine	Φάλαινα
Chat	Γάτα
Cheval	Άλογο
Chien	Σκύλοσ
Coyote	Κογιότ
Dauphin	Δελφίνι
Éléphant	Ελέφαντασ
Girafe	Καμηλοπάρδαλη
Gorille	Γορίλασ
Kangourou	Καγκουρό
Lapin	Κουνέλι
Lion	Λιοντάρι
Loup	Λύκοσ
Mouton	Πρόβατο
Ours	Αρκούδα
Renard	Αλεπού
Singe	Μαϊμού
Taureau	Ταύροσ
Tigre	Τίγρη
Zèbre	Ζέβρα

Mathématiques
Μαθηματικά

Angles	Γωνία
Arithmétique	Αριθμητική
Carré	Πλατεία
Circonférence	Περιφέρεια
Décimal	Δεκαδικό
Diamètre	Διάμετροσ
Exposant	Εκθέτη
Équation	Εξίσωση
Fraction	Κλάσμα
Géométrie	Γεωμετρία
Parallèle	Παράλληλη
Perpendiculaire	Κάθετοσ
Périmètre	Περίμετρο
Polygone	Πολύγωνο
Rayon	Ακτίνα
Rectangle	Ορθογώνιο
Somme	Άθροισμα
Symétrie	Συμμετρία
Triangle	Τριγώνου
Volume	Ένταση

Mesures
Μετρήσεις

Centimètre	Εκατοστό
Degré	Βαθμόσ
Décimal	Δεκαδικό
Gramme	Γραμμάριο
Hauteur	Ύψοσ
Kilogramme	Χιλιόγραμμο
Kilomètre	Χιλιόμετρο
Largeur	Πλάτοσ
Litre	Λίτρο
Longueur	Μήκοσ
Masse	Μάζα
Mètre	Μέτρο
Minute	Λεπτό
Octet	Ψηφιολεξη
Once	Ουγγιά
Poids	Ζυγίζω
Pouce	Ίντσα
Profondeur	Βάθοσ
Tonne	Τόνοσ
Volume	Ένταση

Meubles
Έπιπλα

Banc	Παγκάκι
Bibliothèque	Βιβλιοθήκη
Bureau	Γραφείο
Canapé	Καναπέ
Chaise	Καρέκλα
Commode	Κομμό
Coussins	Μαξιλάρια
Étagères	Ράφια
Fauteuil	Πολυθρόνα
Futon	Φουτόν
Hamac	Αιώρα
Lampe	Λάμπα
Lit	Κρεβάτι
Matelas	Στρώμα
Miroir	Καθρεφτησ
Oreiller	Μαξιλάρι
Rideaux	Κουρτίνα
Tapis	Χαλί

Méditation
Διαλογισμός

Acceptation	Αποδοχή
Attention	Προσοχή
Calme	Ηρεμία
Clarté	Σαφήνεια
Compassion	Συμπόνια
Esprit	Μυαλό
Émotions	Συναισθήματα
Éveillé	Ξύπνησε
Gentillesse	Καλοσύνη
Gratitude	Ευγνωμοσύνη
Mental	Ψυχική
Mouvement	Κίνηση
Musique	Μουσική
Nature	Φύση
Observation	Παρατήρηση
Paix	Ειρήνη
Perspective	Προοπτική
Posture	Στάση
Respiration	Αναπνοή
Silence	Σιωπή

Météo
Καιρός

Arc-En-Ciel	Ουράνιο Τόξο
Atmosphère	Ατμόσφαιρα
Brise	Αεράκι
Brouillard	Ομίχλη
Calme	Ηρεμία
Ciel	Ουρανόσ
Climat	Κλίμα
Glace	Πάγοσ
Inondation	Πλημμύρα
Mousson	Μουσώνασ
Nuage	Σύννεφο
Ouragan	Χιουρικανασ
Polaire	Πολική
Sec	Ξηρό
Sécheresse	Ξηρασία
Température	Θερμοκρασία
Tempête	Καταιγίδα
Tonnerre	Βροντή
Tropical	Τροπική
Vent	Άνεμοσ

Mythologie
Μυθολογία

Archétype	Αρχέτυπο
Catastrophe	Καταστροφή
Comportement	Συμπεριφορά
Création	Δημιουργία
Créature	Πλάσμα
Croyances	Πεποιθήσεισ
Culture	Πολιτισμόσ
Éclair	Αστραπή
Force	Δύναμη
Guerrier	Πολεμιστήσ
Héros	Ήρωασ
Immortalité	Αθανασία
Jalousie	Ζήλια
Labyrinthe	Λαβύρινθοσ
Légende	Θρύλοσ
Magique	Μαγικό
Monstre	Τέρασ
Mortel	Θνητόσ
Tonnerre	Βροντή
Vengeance	Εκδίκηση

Nature
Φύση

Abeilles	Μέλισσεσ
Abri	Καταφύγιο
Animaux	Ζώα
Arctique	Αρκτική
Beauté	Ομορφιά
Brouillard	Ομίχλη
Désert	Ερήμου
Dynamique	Δυναμική
Érosion	Διάβρωση
Feuillage	Φύλλωμα
Fleuve	Ποταμόσ
Forêt	Δασοσ
Glacier	Παγετώνασ
Nuage	Σύννεφα
Paisible	Ειρηνική
Sanctuaire	Ιερό
Sauvage	Άγριο
Serein	Γαλήνιο
Tropical	Τροπική
Vital	Ζωτική

Nombres
Αριθμοί

Cinq	Πέντε
Deux	Δύο
Décimal	Δεκαδικό
Dix	Δέκα
Dix-Huit	Δεκαοκτώ
Dix-Neuf	Δεκαεννέα
Dix-Sept	Δεκαεπτά
Douze	Δώδεκα
Huit	Οκτώ
Neuf	Εννέα
Quatorze	Δεκατέσσερα
Quatre	Τέσσερα
Quinze	Δεκαπέντε
Seize	Δεκαέξι
Sept	Επτά
Six	Έξι
Treize	Δεκατρία
Trois	Τρία
Vingt	Είκοσι
Zéro	Μηδέν

Nourriture #1
Τρόφιμα #1

Ail	Σκόρδο
Basilic	Βασιλικού
Café	Καφέ
Cannelle	Κανέλα
Carotte	Καρότο
Citron	Λεμόνι
Épinard	Σπανάκι
Fraise	Φράουλα
Jus	Χυμόσ
Lait	Γάλα
Navet	Γογγύλι
Oignon	Κρεμμύδι
Orge	Κριθάρι
Poire	Αχλάδι
Salade	Σαλάτα
Sel	Αλάτι
Soupe	Σούπα
Sucre	Ζάχαρη
Thon	Τόνοσ
Viande	Κρέασ

Nourriture #2
Τρόφιμα #2

Amande	Αμύγδαλο
Aubergine	Μελιτζάνα
Banane	Μπανάνα
Blé	Σιτάρι
Brocoli	Μπρόκολο
Cerise	Κεράσι
Céleri	Σέλινο
Champignon	Μανιτάρι
Chocolat	Σοκολάτα
Jambon	Ζαμπόν
Kiwi	Ακτινίδιο
Mangue	Μάνγκο
Oeuf	Αυγό
Pain	Ψωμί
Poisson	Ψάρι
Pomme	Μήλο
Poulet	Κοτόπουλο
Raisin	Σταφύλι
Riz	Ρύζι
Tomate	Ντομάτα

Nutrition
Διατροφή

Amer	Πικρή
Appétit	Όρεξη
Calories	Θερμιδεσ
Comestible	Βρώσιμα
Diète	Διατροφή
Digestion	Πέψη
Épices	Μπαχαρικό
Équilibré	Ισορροπημένη
Fermentation	Ζύμωση
Ingrédients	Συστατικά
Liquides	Υγρά
Poids	Ζυγίζω
Protéines	Πρωτεϊνεσ
Qualité	Ποιότητα
Sain	Υγιή
Santé	Υγεία
Sauce	Σάλτσα
Saveur	Γεύση
Toxine	Τοξίνη
Vitamine	Βιταμίνη

Océan
Ωκεανός

Algue	Φύκι
Anguille	Χέλι
Baleine	Φάλαινα
Bateau	Βάρκα
Corail	Κοράλλι
Crabe	Καβούρι
Crevette	Γαρίδα
Dauphin	Δελφίνι
Éponge	Σφουγγάρι
Huître	Στρείδι
Méduse	Μέδουσεσ
Poisson	Ψάρι
Poulpe	Χταπόδι
Requin	Καρχαρίασ
Récif	Ξέρα
Sel	Αλάτι
Tempête	Καταιγίδα
Thon	Τόνοσ
Tortue	Χελώνα
Vagues	Κύματα

Oiseaux
Πουλιά

Aigle	Αετόσ
Canard	Πάπια
Canari	Καναρίνι
Cigogne	Πελαργόσ
Colombe	Περιστέρι
Corbeau	Κοράκι
Coucou	Κούκοσ
Cygne	Κύκνοσ
Flamant	Φλαμίνγκο
Héron	Ερωδιοσ
Manchot	Πιγκουίνοσ
Moineau	Σπουργίτι
Mouette	Γλάροσ
Oeuf	Αυγό
Oie	Χήνα
Paon	Παγώνι
Perroquet	Παπαγάλοσ
Pélican	Πελεκαν
Poulet	Κοτόπουλο
Toucan	Τουκάν

Pays #2
Χώρες #2

Albanie	Αλβανία
Chine	Κίνα
Danemark	Δανία
France	Γαλλία
Haïti	Αϊτή
Indonésie	Ινδονησία
Irlande	Ιρλανδία
Jamaïque	Τζαμάικα
Japon	Ιαπωνία
Kenya	Κένυα
Laos	Λάοσ
Liban	Λίβανοσ
Mexique	Μεξικό
Ouganda	Ουγκάντα
Pakistan	Πακιστάν
Russie	Ρωσία
Somalie	Σομαλία
Soudan	Σουδάν
Syrie	Συρία
Ukraine	Ουκρανία

Paysages
Τοπία

Cascade	Καταρράκτη
Colline	Λόφο
Désert	Ερήμου
Estuaire	Εκβολή
Fleuve	Ποταμόσ
Glacier	Παγετώνασ
Grotte	Σπήλαιο
Iceberg	Παγόβουνο
Île	Νησί
Lac	Λίμνη
Marais	Βάλτοσ
Mer	Θάλασσα
Montagne	Βουνό
Oasis	Όαση
Océan	Ωκεανόσ
Péninsule	Χερσόνησο
Plage	Παραλία
Toundra	Τούνδρα
Vallée	Κοιλάδα
Volcan	Ηφαίστειο

Pêche
Ψάρεμα

Appât	Δόλωμα
Bateau	Βάρκα
Branchies	Βράγχια
Crochet	Άγκιστρο
Eau	Νερό
Exagération	Υπερβολή
Équipement	Εξοπλισμόσ
Fil	Σύρμα
Fleuve	Ποταμόσ
Lac	Λίμνη
Mâchoire	Σαγόνι
Océan	Ωκεανόσ
Panier	Καλάθι
Patience	Υπομονή
Plage	Παραλία
Poids	Ζυγίζω
Saison	Εποχή

Pirates
Πειρατές

Ancre	Άγκυρα
Aventure	Περιπέτεια
Capitaine	Λοχαγόσ
Carte	Χάρτη
Cicatrice	Ουλή
Danger	Κινδύνου
Drapeau	Σημαία
Épée	Σπαθί
Équipage	Πλήρωμα
Grotte	Σπήλαιο
Île	Νησί
Légende	Θρύλοσ
Mauvais	Κακό
Océan	Ωκεανόσ
Or	Χρυσόσ
Perroquet	Παπαγάλοσ
Pièces	Κέρματα
Plage	Παραλία
Rhum	Ρούμι
Trésor	Θησαυρόσ

Plage
Παραλία

Bateau	Βάρκα
Bleu	Μπλε
Coquilles	Κοχύλια
Côte	Ακτή
Crabe	Καβούρι
Dock	Αποβάθρα
Île	Νησί
Lagune	Λιμνοθάλασσα
Mer	Θάλασσα
Océan	Ωκεανός
Parapluie	Ομπρέλα
Récif	Ξέρα
Sable	Άμμο
Sandales	Σανδάλια
Serviette	Πετσέτα
Soleil	Ήλιοσ
Vacances	Διακοπέσ
Voilier	Ιστιοφόρο

Plantes
Φυτά

Arbre	Δέντρο
Baie	Μούρο
Bambou	Μπαμπού
Botanique	Βοτανική
Cactus	Κάκτοσ
Engrais	Λίπασμα
Feuillage	Φύλλωμα
Fleur	Λουλούδι
Flore	Χλωρίδα
Forêt	Δασοσ
Grandir	Αυξάνω
Haricot	Φασόλι
Herbe	Βότανο
Jardin	Κήποσ
Lierre	Κισσόσ
Mousse	Βρύα
Pétale	Πέταλο
Racine	Ρίζα
Tige	Ανακόπτω
Végétation	Βλάστηση

Professions #1
Επαγγέλματα #1

Ambassadeur	Πρέσβησ
Artiste	Καλλιτέχνησ
Astronome	Αστρονόμοσ
Avocat	Δικηγόροσ
Banquier	Τραπεζίτησ
Cartographe	Χαρτογράφοσ
Chasseur	Κυνηγόσ
Danseur	Χορευτήσ
Entraîneur	Προπονητήσ
Éditeur	Επεξεργασία
Géologue	Γεωλόγος
Infirmière	Νοσοκόμα
Médecin	Διδάκτωρ
Musicien	Μουσικόσ
Pianiste	Πιανίστασ
Plombier	Υδραυλικόσ
Pompier	Πυροσβέστησ
Psychologue	Ψυχολόγοσ
Scientifique	Επιστήμονασ
Vétérinaire	Κτηνίατροσ

Professions #2
Επαγγέλματα #2

Astronaute	Αστροναύτησ
Biologiste	Βιολόγος
Chercheur	Ερευνητήσ
Chirurgien	Χειρουργόσ
Dentiste	Οδοντίατροσ
Détective	Ντετέκτιβ
Enseignant	Δάσκαλοσ
Illustrateur	Εικονογράφοσ
Ingénieur	Μηχανικόσ
Inventeur	Εφευρέτησ
Jardinier	Κηπουρόσ
Journaliste	Δημοσιογράφοσ
Linguiste	Γλωσσολόγοσ
Médecin	Ιατροσ
Peintre	Ζωγράφοσ
Philosophe	Φιλόσοφοσ
Photographe	Φωτογράφοσ
Pilote	Πιλοτική
Professeur	Καθηγητήσ
Zoologiste	Ζωολόγοσ

Randonnée
Πεζοπορία

Animaux	Ζώα
Bottes	Μπότεσ
Camping	Κάμπινγκ
Carte	Χάρτη
Climat	Κλίμα
Eau	Νερό
Falaise	Βράχο
Fatigué	Κουρασμένοσ
Guides	Οδηγοί
Lourd	Βαριά
Météo	Καιρόσ
Montagne	Βουνό
Moustiques	Κουνούπια
Nature	Φύση
Parcs	Πάρκα
Pierres	Πέτρα
Préparation	Παρασκευή
Sauvage	Άγριο
Soleil	Ήλιοσ
Sommet	Κορυφή

Remplir
Για Γέμισμα

Baril	Βαρέλι
Bassin	Λεκάνη
Boîte	Κουτί
Bouteille	Μπουκάλι
Caisse	Κιβώτιο
Carton	Χαρτοκιβώτιο
Dossier	Φάκελο
Enveloppe	Φάκελοσ
Panier	Καλάθι
Paquet	Πακέτο
Plateau	Δίσκοσ
Poche	Τσέπη
Sac	Σακούλα
Tiroir	Συρτάρι
Tube	Σωλήνασ
Valise	Βαλίτσα
Vase	Βάζο

Restaurant #1
Εστιατόριο #1

Allergie	Αλλεργία
Assiette	Πλάκα
Bol	Μπολ
Café	Καφέ
Couteau	Μαχαίρι
Cuisine	Κουζίνα
Dessert	Επιδόρπιο
Épicé	Πικάντικο
Ingrédients	Συστατικά
Menu	Μενού
Nourriture	Τροφή
Pain	Ψωμί
Poulet	Κοτόπουλο
Réservation	Κράτηση
Sauce	Σάλτσα
Serveuse	Σερβιτόρα
Serviette	Χαρτοπετσέτα
Viande	Κρέασ

Restaurant #2
Εστιατόριο #2

Boisson	Ποτό
Chaise	Καρέκλα
Cuillère	Κουτάλι
Déjeuner	Γεύμα
Délicieux	Νόστιμο
Dîner	Δείπνο
Eau	Νερό
Épices	Μπαχαρικό
Fourchette	Πιρούνι
Fruit	Φρούτο
Gâteau	Κέικ
Glace	Πάγοσ
Légumes	Λαχανικά
Nouilles	Λαζάνια
Oeuf	Αυγα
Poisson	Ψάρι
Salade	Σαλάτα
Sel	Αλάτι
Serveur	Σερβιτόροσ
Soupe	Σούπα

Salle de Bains
Μπάνιο

Bain	Μπάνιο
Bulles	Φυσαλίδα
Ciseaux	Ψαλίδι
Douche	Ντουσ
Eau	Νερό
Éponge	Σφουγγάρι
Lotion	Λοσιόν
Miroir	Καθρεφτησ
Parfum	Άρωμα
Robinet	Βρύση
Savon	Σαπούνι
Serviette	Πετσέτα
Shampooing	Σαμπουάν
Tapis	Χαλί
Toilette	Τουαλέτα
Vapeur	Ατμού

Science
Επιστήμη

Atome	Άτομο
Chimique	Χημική
Climat	Κλίμα
Données	Δεδομένα
Expérience	Πείραμα
Évolution	Εξέλιξη
Fait	Γεγονόσ
Fossile	Απολίθωμα
Gravité	Βαρύτητα
Hypothèse	Υπόθεση
Laboratoire	Εργαστήριο
Méthode	Μέθοδοσ
Minéraux	Ορυκτά
Molécules	Μόρια
Nature	Φύση
Observation	Παρατήρηση
Organisme	Οργανισμόσ
Particules	Σωματίδια
Physique	Φυσική
Scientifique	Επιστήμονασ

Science-Fiction
Επιστημονική Φαντασία

Atomique	Ατομικό
Dystopie	Δυστοπία
Explosion	Έκρηξη
Extrême	Άκρο
Feu	Φωτιά
Futuriste	Φουτουριστικό
Galaxie	Γαλαξίασ
Illusion	Ψευδαίσθηση
Imaginaire	Φανταστικό
Livres	Βιβλια
Lointain	Μακρινό
Monde	Κόσμο
Mystérieux	Μυστηριώδησ
Oracle	Μαντείο
Planète	Πλανήτησ
Réaliste	Ρεαλιστική
Robots	Ρομπότ
Scénario	Σενάριο
Technologie	Τεχνολογία
Utopie	Ουτοπία

Sports
Αθλητισμός

Arbitre	Διαιτητήσ
Athlète	Αθλητήσ
Base-Ball	Μπέιζμπολ
Basket-Ball	Μπάσκετ
Championnat	Πρωτάθλημα
Entraîneur	Προπονητήσ
Équipe	Ομάδα
Gagnant	Νικητήσ
Golf	Γκολφ
Gymnase	Γυμνάσιο
Gymnastique	Γυμναστική
Hockey	Χόκεϊ
Jeu	Παιχνίδι
Joueur	Παίκτη
Mouvement	Κίνηση
Stade	Στάδιο
Tennis	Τένισ
Vélo	Ποδήλατο

Surf
Σέρφινγκ

Amusement	Διασκέδαση
Athlète	Αθλητήσ
Champion	Πρωταθλητήσ
Débutant	Αρχάριοσ
Estomac	Στομάχι
Extrême	Άκρο
Force	Δύναμη
Foules	Πλήθη
Météo	Καιρόσ
Mousse	Αφρόσ
Océan	Ωκεανόσ
Pagaie	Κουπί
Plage	Παραλία
Populaire	Δημοφιλήσ
Récif	Ξέρα
Style	Στυλ
Vague	Κύμα
Vitesse	Ταχύτητα

Technologie
Τεχνολογία

Blog	Ιστολόγιο
Curseur	Δρομεασ
Données	Δεδομένα
Écran	Οθόνη
Fichier	Αρχείο
Internet	Διαδίκτυο
Logiciel	Λογισμικό
Message	Μήνυμα
Navigateur	Περιήγησησ
Numérique	Ψηφιακή
Octets	Ψηφιολέξεισ
Ordinateur	Υπολογιστή
Recherche	Έρευνα
Sécurité	Ασφάλεια
Statistiques	Στατιστική
Virtuel	Εικονική
Virus	Ιόσ

Temps
Χρόνος

Année	Ετοσ
Annuel	Ετήσια
Après	Μετά
Avant	Πριν
Bientôt	Σύντομα
Calendrier	Ημερολόγιο
Décennie	Δεκαετία
Futur	Μέλλον
Heure	Ώρα
Hier	Χθεσ
Horloge	Ρολόι
Jour	Μέρα
Maintenant	Τώρα
Matin	Πρωί
Midi	Μεσημέρι
Minute	Λεπτό
Mois	Μήνασ
Nuit	Νύχτα
Semaine	Εβδομάδα
Siècle	Αιώνασ

Types de Cheveux
Τύποι Μαλλιών

Argent	Ασημένιο
Blanc	Λευκό
Blond	Ξανθά
Boucles	Μπούκλεσ
Brillant	Λαμπερά
Chauve	Φαλακρόσ
Court	Κοντό
Doux	Μαλακό
Épais	Παχύ
Frisé	Σγουρά
Gris	Γκρι
Lisse	Ομαλή
Long	Μακρύ
Marron	Καφέ
Mince	Λεπτή
Noir	Μαύρο
Sain	Υγιή
Sec	Ξηρό
Tresses	Πλεξούδεσ
Tressé	Πλεγμένο

Vacances #1
Διακοπές #1

Avion	Αεροπλάνο
Billet	Εισιτήριο
Devise	Νόμισμα
Départ	Αναχώρηση
Douane	Τελωνείο
Expédition	Εκδρομή
Itinéraire	Δρομολόγιο
Lac	Λίμνη
Musée	Μουσείο
Parapluie	Ομπρέλα
Relaxation	Χαλάρωση
Sac à Dos	Σακίδιο
Touriste	Τουριστασ
Tram	Τραμ
Valise	Βαλίτσα
Voiture	Αυτοκίνητο

Vacances #2
Διακοπές #2

Aéroport	Αεροδρόμιο
Camping	Κάμπινγκ
Carte	Χάρτη
Destination	Προορισμόσ
Étranger	Ξένο
Hôtel	Ξενοδοχείο
Île	Νησί
Loisir	Αναψυχή
Mer	Θάλασσα
Montagnes	Βουνά
Passeport	Διαβατήριο
Plage	Παραλία
Restaurant	Εστιατόριο
Taxi	Ταξί
Tente	Σκηνή
Train	Τρένο
Transport	Μεταφορά
Visa	Βίζα
Voyage	Ταξίδι

Vertus #1
Αρετές #1

Artistique	Καλλιτεχνική
Bon	Καλή
Charmant	Γοητευτικό
Curieux	Περίεργοσ
Décisif	Αποφασιστική
Drôle	Αστείο
Fiable	Αξιόπιστο
Généreux	Γενναιόδωρη
Imaginatif	Ευφάνταστη
Indépendant	Ανεξάρτητη
Modeste	Μέτριο
Passionné	Παθιασμένοσ
Pratique	Πρακτική
Propre	Καθαρό
Sage	Σοφόσ
Utile	Χρήσιμη

Véhicules
Οχήματα

Ambulance	Ασθενοφόρο
Avion	Αεροπλάνο
Bateau	Βάρκα
Bus	Λεωφορείο
Camion	Φορτηγό
Caravane	Τροχόσπιτο
Ferry	Πορθμείο
Fusée	Ρουκέτα
Hélicoptère	Ελικόπτερο
Métro	Μετρό
Moteur	Μοτέρ
Pneus	Λάστιχα
Radeau	Σχεδία
Scooter	Σκούτερ
Sous-Marin	Υποβρύχιο
Taxi	Ταξί
Tracteur	Τρακτέρ
Train	Τρένο
Vélo	Ποδήλατο
Voiture	Αυτοκίνητο

Vêtements
Ρούχα

Bracelet	Βραχιόλι
Ceinture	Ζώνη
Chapeau	Καπέλο
Chaussure	Παπούτσι
Chemise	Πουκάμισο
Chemisier	Μπλούζα
Collier	Κολιέ
Foulard	Κασκόλ
Gants	Γάντια
Jeans	Τζιν
Jupe	Φούστα
Manteau	Παλτό
Mode	Μόδα
Pantalon	Παντελόνι
Pull	Πουλόβερ
Pyjama	Πιτζάμα
Robe	Φόρεμα
Sandales	Σανδάλια
Tablier	Ποδιά
Veste	Σακάκι

Ville
Πόλη

Aéroport	Αεροδρόμιο
Banque	Τράπεζα
Bibliothèque	Βιβλιοθήκη
Boulangerie	Αρτοποιείο
Clinique	Κλινική
École	Σχολείο
Fleuriste	Ανθοπωλείο
Galerie	Συλλογή
Hôtel	Ξενοδοχείο
Librairie	Βιβλιοπωλείο
Marché	Αγορά
Musée	Μουσείο
Pharmacie	Φαρμακείο
Restaurant	Εστιατόριο
Salon	Σαλόνι
Stade	Στάδιο
Supermarché	Μάρκετ
Théâtre	Θέατρο
Université	Πανεπιστήμιο
Zoo	Ζωολογικό

Félicitations

Vous avez réussi !

Nous espérons que vous avez apprécié ce livre autant que nous avons pris plaisir à le concevoir. Nous faisons de notre mieux pour créer des livres de la meilleure qualité possible.
Cette édition est conçue pour permettre un apprentissage intelligent et de qualité en se divertissant !

Vous avez aimé ce livre ?

Une Simple Demande

Nos livres existent grâce aux avis que vous publiez. Pourriez-vous nous aider en laissant un avis maintenant ?

Voici un lien rapide qui vous mènera à votre
page d'évaluation de vos commandes :

BestBooksActivity.com/Avis50

CHALLENGE FINAL !

Défi n°1

Êtes-vous prêt pour votre jeu bonus ? Nous les utilisons tout le temps mais ils ne sont pas si faciles à trouver. Voici les **Synonymes** !

Notez 5 mots que vous avez trouvés dans les puzzles notés ci-dessous (n°21, n°36, n°76) et essayez de trouver 2 synonymes pour chaque mot.

Notez 5 Mots du **Puzzle 21**

Mots	Synonyme 1	Synonyme 2

Notez 5 Mots du **Puzzle 36**

Mots	Synonyme 1	Synonyme 2

Notez 5 Mots du **Puzzle 76**

Mots	Synonyme 1	Synonyme 2

Défi n°2

Maintenant que vous vous êtes échauffé, notez 5 mots que vous avez découverts dans les Puzzles n° 9, n° 17, n° 25 et essayez de trouver 2 antonymes pour chaque mot. Combien pouvez-vous en trouver en 20 minutes ?

Notez 5 Mots du **Puzzle 9**

Mots	Antonyme 1	Antonyme 2

Notez 5 Mots du **Puzzle 17**

Mots	Antonyme 1	Antonyme 2

Notez 5 Mots du **Puzzle 25**

Mots	Antonyme 1	Antonyme 2

Défi n°3

Formidable ! Ce défi final n'est rien pour vous.

Prêt pour le dernier défi ? Choisissez 10 mots que vous avez découverts parmi les différents puzzles et notez-les ci-dessous.

1.	6.
2.	7.
3.	8.
4.	9.
5.	10.

Maintenant, composez un texte en pensant à une personne, un animal ou un lieu que vous aimez !

Astuce: Vous pouvez utiliser la dernière page de ce livre comme brouillon !

Votre Composition :

CARNET DE NOTES :

À TRÈS BIENTÔT !

Toute l'équipe

DECOUVREZ DES JEUX GRATUITS
GO
BESTACTIVITYBOOKS.COM/FREEGAMES

www.ingramcontent.com/pod-product-compliance
Lightning Source LLC
LaVergne TN
LVHW060302200726
843508LV00009B/1524